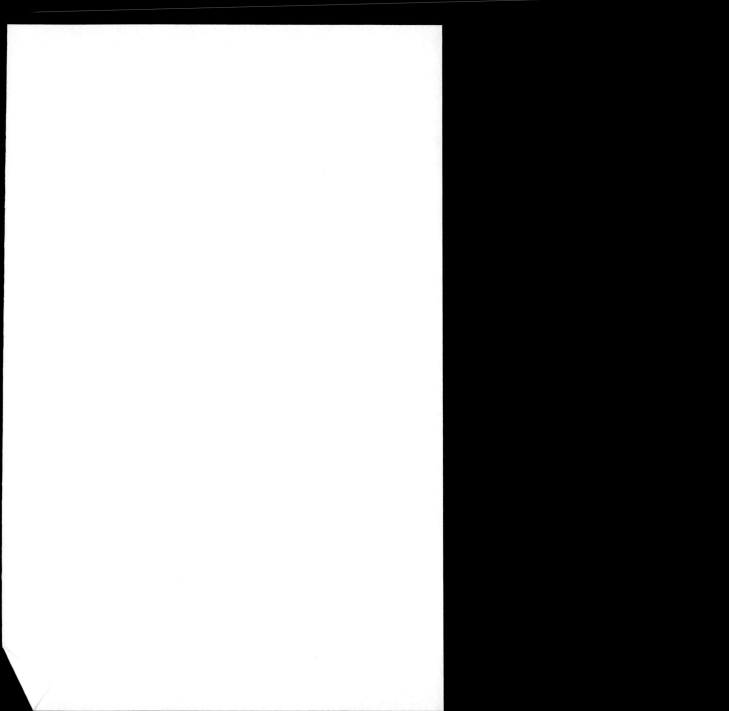

岸本葉子
Yoko Kishimoto

60代、ひとりの時間を心ゆたかに暮らす

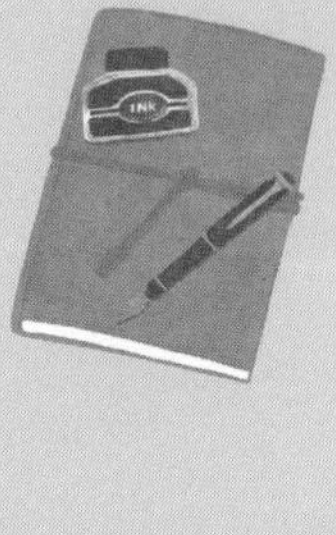

「健康」「家族」「お金」など
リアルな不安や
悩みもあるけれど、
日々の暮らしを心地よく、
自分らしく楽しむ
37のヒント

はじめに

＊　50代から60代へ

十数年前に50才になったとき、気持ちのうえでかなりインパクトがありました。40才のときとは違いました。40才では女性の平均寿命の87才の半分にもまだ達していません。50才になると「人生の折り返し地点」を過ぎます。40才になったときは意識しなかった「自分の人生の残り時間」を考えるようになりました。

そしていよいよ60才。いわゆる還暦ですが、50才のときよりもインパクトは少なかったように思います。

かつての60代のイメージに比べて、今の60代はアクティブで、心も体も若い印象です。その方々の生活スタイルには「すること、できること」はまだまだあると感じます。

＊　「60才」イコール「引退」ではない

60才が一般的だった定年を今は延長する流れで、定年後の再雇用も盛んです。シルバー人材センターへの登録・派遣もあり、60才以降も毎日ではなくても何らかのかたちで働いている方が多いです。ボランティア活動をする方もいます。「60才」イコール「仕事や世間からの引退」ではなくなりました。

＊　世間でいうと「シニア枠」

60代は、それまでの「年金を納付する側」から「年金を受け取る側」になるのが暮らし面での大きな変化です。

さまざまな交通機関や施設で、シルバー割引を受けられるようにもなります。

また、２０２１年に私は60才になったのですが、ワクチン接種などの順番は50代と60代で異なるのだなと、自治体からのお知らせを見て感じました。インフルエンザの予防接種も高齢者には自治体からの助成があります。

年金にせよ、割引にせよ「受け取る」のはありがたく、接種に関しては死亡リスクにもとづくものなのでひとまとめに「優待」と語れませんが、年齢により分け方が変わるのを知るたびに、60代は世の中でいう「シニア枠」に入るのだなと感じます。すなわち自分も「年を取ったのだ」と。

＊　60代は変化のとき

50代は私の場合、父親の介護にきょうだいと共に関わった時期でした。そのさなかでは、将来の60代のことを考える余裕もなく、介護や並行しての仕事といった、目の前にあることに懸命でした。50代の半ばに介護が終わると少し視野が広がって、60代を迎える頃に、少し先のこと、今後のことなどを考えられるようになりました。

同級生の男性は、60才で毎日の通勤がなくなって、先々を強く意識するようになったと言います。通勤がなくなるのは生活上の大きな変化です。急に手にした時間をどう過ごしたらいいかわからず、持て余し、不安になる人もいるでしょう。

とあるインタビューに出ていた人は、もともと歴史が好きで、特にお城が好きなので、定年後は各地のお城を訪れ、本を書いたということでした。変化を転機にしたのです。

親のこと、子供のこと、仕事などの状況は、人によって異なります。自分の今後を考える余裕、気持ちの余裕を持てるようになる時期も、さまざまだと思います。

「ちょっと肩の荷が下りたところ」
「そろそろ時間の過ごし方を考えていきたい」
という方に何らかのヒントを、この本でお送りできれば幸いです。

岸本葉子

Chapter 2

これからのシンプルな暮らし

Chapter 3

美容、ファッション

Chapter 4

健康、体づくり

Chapter 5

60代からのお金と暮らし

Chapter 6

人間関係

Chapter 7 一日を大切に、年を重ねる

Chapter 1

自分の時間、
ひとりの時間を
楽しむ

1　自分の時間の過ごし方

＊　計画を立てるのが好き

「自分の時間」は、家庭内での務めや仕事などでひと区切りがついて、ようやく手に入れられる貴重な時間です。

「これからは自由だ」といううれしさとともに、とまどいもあります。

もともと私は学生時代からひとりで計画を立てて行動するのが好きで、「すること、したいこと」が常に頭にありました。

50代で介護が生活の中に入ってきてからは、おのずと介護が生活の中心になります。40代よりは仕事をセーブし、何かあったら対応できるよう、時間を調整できる態勢にしていたつもりでも、想定外のことが次々と起きました。

計画通りに行かないことがしょっちゅうで、時間の余裕を持ったつもりでも、無理だった、がんばってもできなかったことは多々あります。

60代の今、50代よりは時間が自由になっています。ジムの行き帰りに、特に感じます。50代は、仕事以外の時間はほぼ親の家に行っていたので、こういう時間はなかったのだなと。

けれども「今日は何をしよう？」と、その日になって初めて考えることはありません。前もって定まっています。どの仕事をどの日にするかを、計画的に割り振っておかないと、期日に間に合わないためです。

ジムも「時間が空いたら行こう」と思っていると、行かずに運動不足になってしまうので、行く日を決めます。

手帳には、仕事の予定、ジムに行く予定などが書き込まれています。

＊ 逆算の思考で「したいこと」を

隙間時間にできることはあります。

3時に家を出ないといけないけれど、その前の予定が2時半に終わるなどして。

その30分を「手持ち時間」が増えたと考え、できることを探します。とり込んだままになっている洗濯物をたたんで引き出しにしまったり、資源ごみに出す古紙を結わえたり。

することの決まっている3時を起点に「それまでの残り時間に何ができる?」と逆算の思考で、すること、したいことを入れていきます。

「ゆっくりお茶を飲んでいそう」と思われるのですが、実際にはちょっとした時間に家事を詰め込んで、仕事と家事の追いかけっこのような毎日です。

＊ 時間を「つぶす」のはもったいない

せっかく持てるようになった自分の時間。時間を「つぶす」のはもったいなく感じます。「したいこと」で埋めて有意義に過ごしたい。時間について、私は欲張りかもしれません。詰め込んで窮屈にしたくない、計画にしばられたくない、予定を入れずフリーにしておきたいという考えもあることでしょう。人それぞれです。それぞれの仕方で「心の満足」を得られれば、充分に有意義だと思います。

＊ 手帳を活用し、心を軽く

予定を手帳に書いていると述べました。仕事とジムの他にも、その日に「すること」をこまごまと書いています。

宅配でミネラルウォーターをとっているのですが、月曜の欄に「水注文」、水曜の欄に「14時－16時　水到着」といったことまで書いておくのです。

そんなことまで記入するのは面倒そうと思われるかもしれません。が、私にとって手帳の活用は、自分を楽にする方法です。

「水がなくなりそう。月曜には注文しないと」「水曜の14－16時は在宅しないと」と、頭に入れておくのも気重です。

書き出して、日々手帳を見る習慣にすれば、忘れても大丈夫。そのぶん心も軽くなります。

Point

・自分の時間は、自由で貴重な時間
・手帳の活用は、自分の心を楽にする

2　ひとりの時間を充実させるには

＊　これからしたいこと

働き方のスタイルはさまざまになりました。若い人を見ていると、しみじみ感じます。私が社会に出た頃は、どこかに勤務するか、自営業につくかでした。「フリーランス」という言葉は一般的ではありませんでした。

今は「スタートアップ」という呼び方で、起業への心のハードルが下がっている気がします。

コロナ禍で普及したテレワークでは、「勤務イコール会社へ行くこと」ではなくなりました。ネットでの動画配信を仕事や副業にするなど、働く場所や収入を得る方法も、いろいろです。

企業に勤めたり公務員であったりした方は、定年を迎えると生活スタイルが大きく変わります。

「これからどうする?」
「何をしたらいい?」
「働き続ける?」
など迷うことは多いと思います。「ボケそうで怖い」と率直に語った同級生もいました。

仕事は一日の時間の多くを占めます。それが急になくなると、時間の過ごし方に悩むといいます。私も生活から仕事がなくなったらどうなるか、想像がつきません。でもその日は必ず来ると、自分に言い聞かせています。

考え方によっては「したいことや好きなことに、とことん時間を使える」チャンスでもあります。

＊ 好きなことを「張り合い」に

「時間があればしたいこと」が、時間のないとき、誰の胸にもあるのではないでしょうか。私でいえば小説の構想があって、期日のある仕事が今ほどなくなったら書きたいと思っています。

好きなことは、俳句とジムです。

俳句は、それについて書いたり語ったりする仕事もあり、まったくの趣味とは言えないかもしれません。が、「好きなこと」として始め、たまたま仕事につながりましたが、仕事にならなくなってもずっと続けていくと言い切れます。その意味で、まぎれもなく趣味です。

ジムは、もとは運動不足の予防と将来の介護の予防が目的でしたが、コロナ禍で行けなくなったとき、それだけではなかったと気づきました。この数年はダンスフィットネスが特に「好きなこと」となりました。

俳句は「静」のイメージ、ジムは「動」のイメージで、正反対の2つがひとりの人間の中にどう同居しているか、想像しにくいかもしれません。私には共に心と体に「張り合い」を与えるものです。

＊ 目指したい健康維持

60才のときより61才、62才が「疲れやすくなった」と感じます。若い頃に比べて食事の量も減りました。病気への不安ももちろんあるし、ダンスフィットネスをしながら、ふと「いつまでこういうことができるだろう」と思います。

逆に言えば、したいことや好きなことがあると「健康維持」をますます目指したくなるのです。

＊　60代は第2のスタート

私は40才でがんになり、再発の不安を抱えながら、幸いにも5年、10年が過ぎました。50代になると、先に述べたように、介護が生活の中心となりました。きょうだいが多くを分け持ってくれましたが、時間とエネルギーはどうしても親のことに注ぎます。今まさにそうした状況の方も、60代では多いことでしょう。

病気と向き合った40代、親を通して老いと向き合った50代が過ぎて、60代は「第2のスタート」と感じています。病と老いについての経験を、これからの生き方を考えるモトとして、大事にしていくつもりです。

Point

・「やりたいこと」に時間を使える60代
・60代は「第2のスタート」

3　くつろぎを守る安全

＊ クリックひとつも慎重に

ネットで物を買うことが一般的になりました。

私はもはや、生鮮食品以外のほとんどをネットで購入しています。

コロナ禍でスーパーに行く回数を抑えたことから、習慣づきました。加齢により、大きな物を持って帰るのが大変になったためもあります。


洗剤、トイレットペーパーといった日用品も、今や通販頼みです。店に出かけなくても、家にいてクリックひとつで注文、支払いできます。


「カンタン、楽、早い」はメリットです。他方で詐欺被害に遭うリスクもあります。

偽の通販サイトもあります。恥ずかしながら私は引っかかってしまいました。ジム用のシューズを注文し、案内に従い振り込んで、いつまでも商品が発送されず、それとわかりました。

通販サイトや宅配業者を装ったメールもよく来ます。

「届けられない荷物がある」

「支払いに問題がある」

などとして、偽サイトへ誘導されてしまいます。


クリックひとつにも注意が必要です。メール中にあるリンク先をクリックせず、通販サイトや宅配業者そのもののサイトを訪問して、確認しましょう。

＊　詐欺かどうかをチェックする

先日は大手銀行の発信者名で、詐欺メールに注意喚起するメールが来ていました。が、それも本物メールかどうかわからないと、疑心暗鬼になってしまいます。どこへでも危険は忍び寄ってくると心得て、面倒でも、発信者名となっている銀行そのもののサイトへ行って調べます。

かつて偽の通販サイトに引っかかってしまったと述べました。そのＵＲＬをコピーして、検索サイトの入力欄にペーストし検索したら、詐欺サイトであると表示されたのです。

「コピペ」によるチェックは有効です。心当たりのない電話番号も「コピペ」検索で、強引な営業をしているものとすぐわかりました。

＊　オートロックは便利だけれど

訪問による詐欺や強引な営業、不審者に対して、オートロック付きのマンションは有効です。住人について入ってしまう場合もあり、百パーセント安全とはいえませんが、リスクを下げられます。ただし「諸刃の剣」になることも。

知人はオートロック付きのマンションにひとり暮らし。ゴミを出しに行ったとき、ふとしたタイミングで玄関ドアが閉まり、カギを持っていなかったので入れなくなりました。管理会社に連絡したものの、自分がそのマンションの住人であることを証明するのが難しく、近所の顔見知りの人がたまたま来て、たしかに住人であると証言してくれて、ようやく入れたといいます。

安全性が高い代わりに、思わぬ危険もある。何ごともメリットばかりとはいえません。顔見知りになっておくくらいのご近所付き合いは必要というのが、古典的ながら自衛策になるでしょうか。

＊ 家の中に潜む危険

住まいでは、お風呂の床で滑って転び動けなくなったり、トイレに何かの拍子で閉じ込められたりした話をしばしば聞きます。家の中に潜む危険です。若い頃は考えもしませんでした。

年長の知人は、何かあったときのためにお風呂やトイレのドアを少し開けておくと言っていました。たしかにひとりなら、トイレも別に閉める必要はありません。まねしたい習慣です。

Point

- クリック前にチェックが必要
- セキュリティーを頼りすぎない

4　住み慣れた街でオフタイム

＊住んでいても意外と知らない

「地域デビュー」という言葉をときどき聞きます。

勤めていた頃は、ほぼ寝に帰るだけ。昼食をとる店も、勤め先の周りなら頭に入っているのに、家の近所ではどこに何があるか全然知らない。定年後、起こり得ることです。

仕事を家ですることの多い私も、街をゆっくり歩くことはほとんどありません。夜になってからジムへ行くため、駅までの間を自転車で通過するだけ。

年に一度の人間ドックを先日、駅前のクリニックで受けた帰りに
「店が開いている時間帯は、久しぶりだな」

と思いました。

住んでいる街は、よそから人も訪れます。老舗あり、今ふうの店あり、整備された通り

あり、昔からの込み入った路地ありと、新旧共存でいろいろに楽しめるそうです。住んでいると「いつでも行ける」という気になってしまい、案外と知らないものです。

＊ 身近なところでリフレッシュ

家で使っている器を買った店が、街の中で移転していました。着心地のいいブラウスを売る店も、場所が変わっていて。

「そういえば好きだった」と思い出し、寄ってみました。通販ではなく、店で好きなものを手に取って選ぶ楽しさを思い出しました。

雑貨店の多いことで知られる街です。壁紙やタイルを売る店。レースの店。前を通るだけで、スーパーでは見かけないものがいろいろありました。

目にするもの一つひとつが珍しく、リフレッシュする気分です。

近くにいながらもったいないと思うほど。住み慣れた街の再発見です。

＊ 頭を休め、心を遊ばせる

街並みには変わっているところもあります。

昔からの建物がなくなっていたり、小さな更地になっていたりして、

「前はここ、何があったっけ」。

あちらこちらで再開発の進む今、60代には同じような経験をする方が多いでしょう。

自動販売機が並ぶだけでは妙に余る場所は、かつて器の店のあったところです。古い皿を初めて買う私に、見分け方を教えてくれました。私が30代のとき、既に老夫婦だったから、さすがに閉めたのでしょう。

記憶を蘇らせるのは頭の刺激になり、失われたものを懐かしむのはさびしさもあるけれど、心をやわらかにします。

計画に従って行動するので、計画にないことはしなくなりがちです。けれど、ときには何も考えず、ふらりと歩くのもいいものだと思いました。

民家の塀の上の端っこに鳩がいるのを
「戻るのか、飛び下りるのか、どうする気だろう」

としばらく眺めていたり。詰め込み式に時間を使う、ふだんの私にはないことです。

家までは少し遠回りして、大きな公園の中を通りました。池に面したベンチでは、紙袋からサンドイッチを取り出す人がいて、よく見れば、ついさっき通った店の袋で、私も何か買ってきて、ここでお昼にする方法もあるなと思いました。

旅に出なくても「オフの時間」は持てるのです。

Point

・身近なエリアを散策してみる
・「再発見」が刺激と心の柔軟性をもたらす

5　趣味で防げる「引きこもり」

＊　心動いたら始めてみる

40代半ばで始めた「俳句」は、一生続けることのできる「趣味」との出合いでした。

俳句というと、いろいろと決まりがあって堅苦しそう、侘び寂びとか、小難しいことの好きな人がするもの……というイメージがあるかもしれません。

たしかに、五七五の十七音に収める、季語を入れるなどの約束事はあります。けれど破っていけないわけではないし、ゲームで考えるとむしろルールのしばりのあるほうが面白いです。

内容も別に、岩にしみ入る蟬の声的な侘び寂びっぽいことでなく、普通のことでいいと知りました。

先入観にとらわれず、心動いたら始めるに如くはありません。

＊　恥をかくことをおそれない

俳句はひとりで作っているより、作った句を仲間と見せ合うと断然面白くなります。「句会」への参加です。

「季語をまず覚えてから……」「うまくなってから……」と思ってしまうと、一生参加できません。季語は覚えきれるわけがないし、覚える必要もありません。「うまくなってから……」に関しては、見せ合わないとうまくならないのです。

私も初心者で参加しました。知人の会社で句会をしていると誘われたのがきっかけでした。

身近に句会があったら、ぜひ行ってみることをおすすめします。カルチャーセンターにもありますし、俳句の出版社が設けてもいます。コロナ禍以降は、オンライン句会も普及しました。参加者は国語に詳しい人ということはなく、スタートは皆同じです。

＊ 恥はかくもの

「人前で間違えたら恥ずかしい」とためらいがちです。私はもうまったくの初心者だったので、恥はかくものというつもりで参加しました。

「恥はかくもの」と割り切ってしまえば、チャレンジの対象は広がります。俳句に限りません。

60代の知人は、職場でパソコンの操作に迷ったとき、マニュアルを読んでも複雑で無理そうだったら、何が何でも自分で解決しようとせず、若い人に聞くそうです。

わからないことを恥としたり、年長者なのに教えを請うことを格好が悪いとしたりしない。

聞くほうが楽なばかりでなく、仕事が早く進み、ミスも起きなくて確実なのだそうです。

＊ 好奇心と「場」がもたらすもの

句会に参加するたび感じるのは、高齢者の皆さんが元気でアクティブということ。

体が元気だからアクティブなのか、アクティブだから体が元気になるのか。

大きな行事を伴う句会になると、年に1回とか複数年に1回とかの頻度です。行事、句会、その後の懇親会と、朝から晩まで活動し、その体力だけで大変なものだと思うのに、別れ際には「次の回」の話までしています。

参加する「場」があると、世間で言う「引きこもり老人」になりそうにありません。

元気には、好奇心も関係しそうです。俳句は観察にもとづき作るので、おのずと好奇心を持つのです。

好奇心と「場」のあることが、張り合いのある日々をもたらすことになりそうです。

Point

・楽しむ「時間」と、参加する「場」を持つ
・「恥はかくもの」と割り切ってチャレンジ

Chapter 2

これからの
シンプルな暮らし

1 家の中を住みやすく整える

60代が視野に入ってきた50代半ば、家のリフォームをしました。
60代からの暮らしに向けた準備のひとつとして、住まいの環境を整えたのです。

住んでいるマンションは30代に購入したもの。住み始めた30代はまだ若かったので感じませんでしたが、40代になり、50代になりと、だんだんに年を重ねるにつれて、
「これ、老後はきついかも」
と思うことがいろいろと出てきました。

「窓が多くて、天井が広い」のは、明るく開放的な雰囲気ですが「冬は寒い」ということでもあります。外の冷たさが窓ガラスを伝わり入ってくるし、暖房しても、温めた空気が上のほうに行ってしまいます。

若い頃には「よく見えたこと」が、シニアには意外と厳しくなるのです。

親の老いを通して気づいたことも多くありました。部屋の中を歩くのでも、廊下へ出るにも、トイレで立ったり座ったりするのにも
「こういうことが不便になるのか」
と発見する思いでした。
親の介護が終わって、時間とエネルギーに余裕ができて、55才のとき本格的にリフォームに取り組みました。

＊ドア

部屋のドアを手前に引いたり、向こう側へ押したり、体が元気なうちはあたりまえにしていることですが、高齢者には開け閉めが負担になります。室内で車椅子を使うようになると、特に不便です。

左右にスライドさせる引き戸が、シニア向きです。

＊窓、壁、床暖房

住まいはマンションの1階のため、床が冷えます。窓や壁からも外の冷たさが伝わった

り、温めた空気が逃げたりします。

窓の多さは変えられませんが、インナーサッシを付けて二重窓にし、外と接する壁には断熱材を張り込んで、床暖房を取り入れました。

＊　お風呂、トイレ、洗面所

トイレの壁を取り払い、トイレからお風呂へほぼ直行できるようにしました。

トイレを広くすると、介護がしやすいです。車椅子で入れれば理想ですが、私の家ではそこまでの広さはとれませんでした。

お風呂の浴槽はまたぎやすい低さで、手すりもあると安心です。

＊　廊下

部屋と廊下の間は、ドアの開け閉めの負担があったり、ドアレールのわずかな段差につまずきやすかったりします。

リビングダイニング以外の2室は、廊下で振り分けられていましたが、いったん廊下へ出てから入り直す必要はないなと、廊下をなくしました。移動は楽になりました。

＊ 設備は進んでいる

親を通して老いを学んだとはいえ、55才はまだ自分のこととして老いを体験しておらず、その年齢でのリフォームは少し早かったかもしれません。

が、リフォームには体力が要ります。仮住まいとの間の二度の引っ越しが、私は特にきつかったです。それを思うと、あまり遅くならないほうがいいともいえます。

トイレ、お風呂、キッチンなどは進歩していて、シニアの暮らしを楽にする機能があります。引っ越しを伴う「大がかりなリフォーム」が大変なら、設備の情報を収集し「小さな改善」をする方法もあります。

Point

・シニアにとっての「住みやすさ」がある
・進化する設備の情報収集をする

2 シンプルに暮らすための「老前整理」

60代になっていよいよ、住まいをすっきりさせたいと思うようになりました。よく聞く「老前整理」です。

街でショッピングをしたり、ネットで注文したり、今はいろいろな方法でモノを買うことができます。

モノを買うのは楽しみのひとつではあります。けれど「買うは易く、処分は難し」。いざ処分しようとすると、多くのモノを目の前にして「どれを残して、どれを手放すか」を考えるのは苦しいものです。捨てるものを選ぶのは、欲しいモノを選ぶ以上に心のエネルギーを要します。

＊ 服

クローゼットに詰まった服。

「あのときに着た服だ」と、それぞれに思い出があり、愛着があります。

今はほとんど着ていなくても、残すかどうか迷います。

「捨てる」となると気がひけますが、リサイクルに出すなら、少しは心が軽くなります。

宅配買取のシステムでは、最短で翌日引き取りに来るところもあります。

私は思い切って申し込み、箱に入れ始めたら
「せっかくだから、この機に」

と次々追加し、かなりすっきりできました。

＊ フリマを利用

自分の手元を離れても、誰かにまた使ってもらえると思えば、「捨てる」という後ろめたさがなくなります。

「メルカリ」に代表されるネット上のフリーマーケットなど、欲しい人、必要な人に譲るシステムも、今は一般的になりました。

ジムで知り合った女性も「メルカリ」に出品しています。購入した相手に喜んでもらえ

たり、よい評価がついたりするとうれしくて「張り合い」になると話していました。

もちろん、売ることでちょっとした収入になり一石二鳥。処分にもなるわけですから三鳥です。


ただしストレスもあります。やり取りする相手はさまざまで、すぐにレスポンスがあるとは限りません。

購入されたらうれしいけれど、いつ購入されるかわからず、そのときすぐに発送できるとも限らず「そうすると悪い評価がつくだろうか」とハラハラしそうです。

「人のペースに左右されるのが苦手」な方にはやや不向きかも。

私はそのストレスを引き受けられそうになく、出品したことがありません。

購入したことはあります。生産終了になってしまったダンスシューズを、値札のついた新品で、新品ではあり得ない価格で買えて、助かりました。

メリット、デメリットを理解した上で、活用していきたいです。

＊ 社会貢献につなげる

企業の中には「ユニクロ」のように、着なくなった服の引き取りに積極的なところがあります。ボックスを常設してあったり、キャンペーン期間中に持って行くと、点数に応じた商品券をくれたりするシステムです。

「古着 de ワクチン」という活動も知りました。キットを買うと梱包資材が送られてきて、着なくなった服を詰め、返送するもの。

途上国の支援に使われるそうです。

「捨てる」より「リサイクル」、さらに進んで「社会貢献」になると思えば、老前整理の「張り合い」はより出てきます。

Point

- モノを買うは易く、処分は難し
- フリマは張り合いにもストレスにもなる
- リサイクルや支援活動などに協力すると社会貢献になる

3 本当に使いたいものだけを持つ

60代になると働き方が変わるのに伴って、家で過ごす時間が増えてきます。

そこそこ長く生きてきて、今までに買ったものが家の中に多くあることと思いますが、身の回りをシンプルにして、すっきりした気持ちで、日々を心地よく過ごしたいものです。


使いよさは年とともに変わります。

「せっかく買ったのだから」

「捨てるのはもったいない」

と、どこかで我慢しながら使い続けていたのを、意を決しリニューアルしてみたら、生活の質の上がることを、何度も体験しました。

＊ キッチン用品

鍋は30代から、ティファールの取っ手の外せるシリーズを長く愛用してきました。

取っ手が外せると収納に場所をとりません。

けれど取っ手の装着が意外と固くて、年とともに力が要るようになってきました。思い切って手放して、ビタクラフトの無水鍋に。取っ手はとれませんが、場所をとる分、他のものを減らせばいいなと。それがきっかけで、キッチンの整理になりました。

同じく30代で購入したル・クルーゼの鋳物鍋も処分。料理本の写真によく載っていて憧れたものですが、今の私には重すぎます。

圧力鍋もリニューアル。愛用してきた圧力鍋は蓋が厚く、重くなってきて。薄くて軽い蓋の圧力鍋が出ていると知りました。

容量は小さくて、今の私には充分です。小さいと、鍋本体も軽くなります。

炊飯器も小さいものにリニューアル。3合まで炊けるサイズです。私は2合炊くのが常なので、それで充分。5合炊きで2合炊くよりおいしく炊けると聞きました。

「大が小を兼ねる」とは必ずしもいえないようです。

水を切るザルのような、ちょっとしたものも、どれも同じようでありながら、実際に使ってみると違います。手の大きさに合う、合わない。ボウルとの相性など。

鍋敷きはシリコン製にしました。やわらかくて、瓶の蓋を開けるとき蓋を包んで回せば、オープナー代わりになります。きつく閉まった蓋も、年を取ると往生するひとつです。

＊ 家電製品

家電製品は処分の問題があるので、なるべく長く使いたいほうですが、耐用年数が来たり、修理する部品がもうなかったりして買い替えると、使いやすさに驚きます。

掃除機はバッテリーの寿命が尽きて、リニューアル。同じスティック型のコードレスでも、軽くて、集めたゴミを捨てるのも簡単で、おかげで掃除をよくするようになりました。

加湿器は給水タンクの取り外しやすさで選びました。小さなことのようですが、暖房の時期は日に何度も給水するので、積み重なると大きいです。

キッチン用品、家電製品のみならず、日用品全般、それこそ爪切り1本でも「リニューアルしてよかった」と思った例は尽きません。

機能は向上しているので、折にふれて情報収集をと、住まいの設備のことで述べました。日用品も同様です。

日々使うものだからこそ、「まだ使えるから」と無理をしないで、「今の自分が心地よく使えるもの」を選びたいです。

Point

- 「大が小を兼ねる」とは限らない
- 「まだ使える」より「心地よく使える」ものを選ぶ

4 残したい思い出の品

モノを減らすにあたって、最も決断しにくいのは、思い出の品々といわれます。日用品と違って、「使いづらくなる」ことがないから余計、手放す機会が訪れません。60代にもなると思い出の数も多いですから、全てをとっておくわけにいかず、いつかは手放す日が来ます。

＊ 写真

私たちが子供の頃は、思い出を残すにはまず写真でした。デジタルではなくフイルムで撮り、現像し、ものによってはアルバムに貼り込みます。

親から受け継いだ箱には、かなりの量が入っていました。ワイシャツの箱に5箱分もありました。

長い間「開かずの箱」でしたが、思い切って着手すると、案外と処分が進みました。

家族や親戚の写真だと、カメラもたいしてよくないし、腕もよくないので、何が撮りたかったのかよくわからないものが結構あるのです。5箱の整理が6時間くらいで済みました。

デジタル化して写真を保存する方法もあると聞きましたが、そこまでしなくていいものがほとんどでした。

手放しても思い出の損なわれることはありませんでした。写真の整理を、何か痛みを伴うもののように考え、おそれていたと知りました。

残したのは、事務用の大きめの茶封筒1袋分です。

はじめからデジタルで撮っている今の人には、ない悩みかもしれません。

私も今は、たまにデジタルで撮りますが、保存しておいても後で見ることは少ないです。写真は、撮るときの高揚感や一体感を楽しむものに変わりつつある気がします。

＊ 絵、作文、手紙など

学校時代のノート、教科書、成績表。60年の記憶の底にしまい込まれているものが、親の家には、形あるモノとしてありました。

親の家も幾度か引っ越し、少しずつ手放していったようですが、最後まで残って、親亡き後、私のもとへ来たのが、絵や作文です。もの心つくかつかないかの頃から小学校低学年くらいまでに描いたもの。幼稚園の出欠手帳もありました。

それらの箱はいったん開けて、また閉めました。写真よりも、選ぶのにエネルギーが要りそうで。

現実問題、人生のもっと先、家での暮らしが難しくなったら施設に入居したいので、こんなに持っては行けません。

おそらく80代だろうそのときに、処分するのは大変なので、前もってしなければ。

60代が着手のしどきとわかっていながら、日々の忙しさを理由に「もう少し仕事が暇になったら」と先延ばししています。

日記はつけていません。手紙もとっておくほうではありませんが、書類棚のどこかに少しはありそうです。

年賀状は、新しい年のものをいただいたら、古い年のものは手放してよいと思います。

＊ 最後まで残したいもの

割り切って整理できるものは、人によって異なります。
施設に入居するときも持って行きたいと決めているのは、母子手帳、父母の遺影に用いた写真、茶封筒からさらに厳選した家族写真。これらが私の「究極の思い出の品」となりそうです。

Point

・60代は着手のしどき
・実家にあった子供時代のものの整理をそろそろ始める
・「施設に入るとき持って行きたい」ものを選ぶ

Chapter 3

美容、ファッション

1　肌の変化と向き合う

＊ 50代から感じた肌の変化

肌のトラブルはなくても、加齢によっておのずと衰えます。衰えは少しずつ進んでいたのでしょうけれど、ハッキリと感じたのは、50代になってからでした。

周りの人と話しても、「50代でいっきに来た気がする」という人が多いです。女性はその頃にホルモンの状況が大きく変わるからかもしれません。

60代ではもう、肌の衰えの一途をたどる感じです。

「女性は若いほうがいい」という考え方が、日本にはあるといわれます。

私はそれに与しませんが、肌に関しては、若いと無条件にキレイだと思います。なんたって、張りが違います。シワ、たるみが全然ない。

自分のことを「おばさん」とつい言ってしまうのは、20代との肌の差を如実に感じるからかもしれません。

＊ 30代、40代の頃の自分と比べずに

鏡の中に、かつてはなかったシワ、たるみを発見するたび
「年を取ったものだ」
と改めて思います。

昔は60代というと「おばあさん」のイメージでした。

私の祖母は、私の産まれる前に亡くなっているので、リアルに対面したことはないのですが、写真が飾ってありました。白髪を結い上げて、黒っぽい地味な着物で写っています。

「おばあさん」のイメージ通りの姿ですが、70代になっていたのかどうか。

昔の人は結婚も出産も早かったので、落ち着くのも早かったのでしょうか。

今の60代は、かつてのような「おばあさん」のイメージはありません。

30代、40代と比べれば、肌の「老い」は明らかですが、比べても仕方ない。

「老い」ても「老け」た印象にならないことが、目標です。

＊ アンチエイジング

「アンチエイジング」という言葉は「アンチ」に「反」のような響きがあってなじめないのですが、「抗老化」と訳されます。

方法はいろいろです。

セルフケアとしては、化粧品によるスキンケア、美容機器によるケア。

施術を受けるほうでは、エステに行く、美容医療のクリニックに行く。

このうちの美容医療へ、半年に一度通っています。

かつては「美容医療」というと、すなわち整形手術、すなわち肌にメスを入れるイメージで、一生縁のないところと思っていました。

が、レーザーでシミを取りに行く人が周りにいて、施術もいろいろあると知ったのです。

シミ取りはスポット的に3000円くらいでできると言っていました。

日頃のスキンケアは、洗顔後にワセリンを塗っています。赤ちゃんのオムツかぶれにも使えるもので、化粧品というより、ドラッグストアの価格帯です。

アンチエイジング関連は、さまざまな媒体で広告していて、情報過多といえる中、何を選ぶかは、自分がどうなりたいかにかかってきます。

＊ 自然な老いを受け入れる

「抗わない」という選択もあるかと思います。

少なくとも外側からは何もせず、バランスのとれた食事、睡眠などのよい生活習慣を保ち、いわば内側からキレイになる努力はしつつ、自然な老いを受け入れる。それはそれで格好よく、憧れます。

いつか、そちらへ方向転換する可能性を感じつつ、いましばらくは、抗ってみるつもりです。

Point

・30代、40代の頃と比べずに、「なりたい自分」を考える
・「老いる」と「老ける」は別のことである

2　髪の手入れ

＊　髪の手入れ、カラーリング

美容院では、カット、カラー、部分パーマを頼んでいます。なかなか時間をとれず、間が空いてしまいがち。

その間、白髪はカラートリートメントで手入れします。シャンプー前の乾いた髪に塗ると、色づきがいいそうなので、鏡の前でがんばりますが、鏡に映る部分はなんとかなるものの、頭の後ろのほうはなかなかうまくいきません。

4ヶ月ぶりに美容院へ行ったら、美容師さんが

「カラーリングだけでもいらして下さっていいですよ」

と妙に優しい声で言いました。いつもの3点セットだとお金がかかるので来られないでいると思ったのでしょう。

気の毒そうな調子に

「後ろのほうは、親切心を起こさずにいられないくらいひどいことになっているのか」

とちょっと刺さる経験でした。

反省して（?）後ろのほうもちゃんと塗るか、もう少し間隔を詰めて美容院に通うかすることにしました。

＊ グッズのチェックポイント

毛染めの商品は、ドラッグストアにも多く売られています。

ネットには商品の口コミが載っていて、迷います。どれが広告で、どれが本当の体験談か、わからないほどです。

毛染め剤に一般的に配合されるジアミンという成分に、私はアレルギーがあるので、検索してジアミンが入っているかどうかを、まずチェック。

すると、ジアミンフリーをうたう商品の広告が、画面にまた出てきます。

「通常○○円のところを、今なら半額。ご注文殺到につき、在庫僅かとなっています！」とか。

香りがきついのも、私は苦手。広告に急かされないよう、自分のチェックポイントを決めてあります。

＊ グレーヘアという選択

同世代の知人が、高校の同窓会に出席したら、高校時代はロングヘアでバレエを習っていた女性が、ショートヘア、かつグレーヘアで来ていたそうです。若い頃とイメージが相当変わっていて、驚いたとのこと。髪型もさることながら、髪の色の印象は大きそう。

グレーヘアも珍しくはなくなりました。シニア雑誌によく登場するのは、加藤タキさん、近藤サトさん。近藤さんは元が、華やかさが売りのアナウンサーなので、かなり話題になりました。

髪の色そのものは地味で、いわゆる「老けた」感じになりそうですが、グレーヘアを楽しんでいる方は、明るい服を身につけたり、口紅をビビッドな色にしたりと、トータルコーディネートが上手です。

＊ 美容院でのオーダー

60代はどうしてもフェイスラインのたるみによって、顔の「重心」が下がります。ですので髪は「重心」が下のほうに来ないよう、長さやボリュームを美容院で調節してもらっています。レイヤーを入れると、軽い感じになります。

そのあたりの基本を押さえたうえで、後は美容師さんにおまかせです。レイヤーをどれくらい入れるかや、前髪の厚みなどは、その時々の流行があるそうなので、あまり細かなオーダーは自分から出しません。

＊ 今の自分に合った髪型にアップデート

若い頃に好きだった髪型、似合うと言われた髪型はありますが、60代の自分にとって、それがベストとは限りません。
髪型の流行は変わり、自分の顔も変わります。10年前、20年前の髪型にしがみつかず、その時々の「今」に合わせてアップデートしていきたいです。

Point

- カラーリングは使い分けが大事
- 若い頃「似合っていた」より、今の自分に「似合う」スタイルを
- 「美容師さんにまかせる」もあり

3 ショッピングはどこで

＊ 店からネットへ

服は、流行を追いかけてきたつもりはなくても、いろいろと買ってきました。若い頃から服に使ったお金の総合計はいくらかと思うと、空恐ろしくなるほどです。

かつては「服」といえば、店で買うもの。ショッピングは楽しみでした。今思うと忙しいときほど、移動時間に無理して店に寄って、買っていた気がします。「ストレス買い」を、私もしていたようです。

40代の終わり頃から、服のネット販売が世の中で盛んとなり、出かけて行くよりいろいろな中から選べるとわかって、ネットで買うように。

店へ行くのは、行きつけのブランドのみになりました。

＊ 「きれいめ」ファッション、カジュアルショップ

２０２０年～２０２３年はコロナ禍で、会合、行事の控えられた時期。そうしたところへ着て行くような服やバッグなど、いわゆる「きれいめ」の服やファッション雑貨を買うことが減った方は多いでしょう。

数年経つと、顔や体形は変わります。コロナ禍で着なかった「きれいめ」の服は、私もかなり処分しました。

しばらく行っていなかった百貨店に、かつてのデパートの価格帯とは異なるカジュアルファッションやファストファッションのショップが入っていて、驚きました。都心のファッションビルにも見られる傾向と聞きます。

作業着で知られる「ワークマン」も、女性向けのカジュアルファッションに進出していて、百貨店にありました。その名も「ワークマン女子」。覗いたところ、さすが伸縮性のある生地など機能性に富んでいて、着やすそう。

60代で「女子」はちょっと気後れするけれど、そのうちゆっくり見てみたいと思います。

＊ デパートの婦人服フロア

デパートには、従来通りの「婦人服」のフロアもあります。エスカレーターで上がると、カジュアルファッション、ファストファッションの階とは一転。マネキンにきれいな色のスーツを着せてあり、「大人向け」の印象です。

60代は年齢でいえば充分に、そのフロアの客層になっていますが、同世代の女性は「店員さんが話しかけてくるのが苦手」と言っていました。

価格が高めなので、ゆっくり選びたいのに、話しかけられると妨げになるし、急かされるようで、と。

同感です。若い頃より多少のお金はあるけれど、そうすぐに決断できるものではありません。ハイブランドのショップは、いまだ足を踏み入れるのをためらいます。

「大人向け」「きれいめ」になると、やや「過飾」なのも、ためらう理由。
「なぜラメ糸を織り込むの?」
「このコサージュ、要る?」
など。シンプルさでいえば、カジュアルショップ寄りの私です。

＊ ホテルのブティック

年上の知人で「きれいめ」の服を、ほどよく着こなしている女性がいます。聞けば、ホテルのブティックで買うとのことでした。

たしかにパーティーのできる規模のホテルには、ブティックがよくあります。間に合わせで買う宿泊客のため、パーティーに出るのにふさわしい服を置いているのでしょう。入ったことはありませんが、通りすがりにも「きれいめ」の印象です。

高そうに思っていましたが、知人によると、まさしく間に合わせで買えるよう、手頃な価格のものが多い。会合などでホテルに行くたび、調達していると。

意外な穴場のようです。

Point

・多くの中から選ぶならネット
・シンプルなのはカジュアルショップ
・ホテルのブティックは、「きれいめ」服の穴場

4　どんなときに何を着る？

＊　デザイン重視から着心地へ

服の選び方は、若いときはデザイン重視でした。着たいものは、少々窮屈でも我慢して、楽しみました。

今の判断基準は、着心地です。動きやすいもの、肌にやさしいもの、丈夫なもの。デリケートな扱いを要する服だと、気持ち的に窮屈です。

肩幅とウエストゴムは、こだわりポイント。肩幅が狭いと窮屈で、ウエストゴムがきつすぎるのも同様。ネットで買うときも、それらが商品情報にないと

「肩幅は何センチですか」

「ウエストゴムは取り替えられますか」

この2つは「お問い合わせ欄」からよく聞きます。

色は、ボトムスと羽織りものはグレー、ネイビーに白、黒が少々とモノトーンに近い色。

組み合わせがしやすいです。

出がけにパッと取っても、そう変なことにならず、便利です。

＊ 好きな生地でオーダーする

モノトーンに近い条件から外れるのが、ブラウスです。

イギリスの老舗「LIBERTY PRINT」が好きで、これだけはいろいろな色、模様のものを買っています。新作の出る頃は、ネット上のなじみのショップで探します。

好きな生地の商品がないと、生地を買ってオーダーすることも。前から作ってもらっている、イージーオーダーの店があるのです。既製品を買うより、価格は少し高くなります。

コロナ禍で百貨店に行く習慣が減ってからは、服における私のいちばんの贅沢です。

＊ 同窓会に行くときは?

一般に50代からは、同窓会が増えてきます。子育てが落ち着いて、仕事でもがむしゃらな時期を過ぎるからでしょうか。

たまに会っていた人もいれば、中学以来、高校以来、初めて会う人もいます。私も一度だけ50代そこそこで行きましたが、何を着るか迷いました。

必要以上に（？）老けて見えたくないけれど、がんばりすぎて痛々しい人にもなりたくない。

「年取ったな」

と思われるのは仕方ないとして、

「いい年の取り方をしたな」

と思われたい。

スーツは無難だけれど、カタすぎる。結局、いつも着ている白のブラウスにデニムで行きました。今思うとちょっとカジュアルに過ぎたかも。60代で出席するとなったら、もっと迷いそうです。

＊ 60代の「ほどのよい」服

60代は着るものが難しいです。

仕事にはジャケットやスーツで行くので、迷わずにすみ、楽ですが、カタい服を着る機会は、おのずと減っていくでしょう。

力が入りすぎても変だし、カジュアルすぎても、だらしなくなってしまう。

「ユニクロ」はデザインがシンプルで、カーディガンはよく買っています。サイズが豊富なのも助かる。

窮屈を何より嫌う私は、「ユニクロ」の部屋着はＬＬにすることもあります。けれど、あまり気を抜きすぎるのも……。

決めすぎず、自然体でいられる、60代の「ほどのよい服」を模索中です。

Point

- 60代の女性の服選びは難しい
- 着心地よく、だらしなくはなく
- 「年を取ったな」ではなく、「いい年の取り方をしたな」と思われたい

5 自分に合う色、模様

＊ シニアも明るい色を

日本では、年を取るとだんだんに地味な色の服になるのが一般的です。

外国のことは詳しくありませんが、ヨーロッパの女性は年を取っても、いわゆる派手な色を着る人が多い印象です。雑誌でパリの街角のスナップ写真を見ても、思います。エリザベス女王のスーツは、ピンク、パープル、ウェッジウッドの陶器にありそうなブルーなど、目の覚めるような色ばかりでした。

肌と髪の色が明るいので、合わせやすいのでしょうか。

同世代の知人に、登山が趣味の女性がいます。毎年、富士山に登るそうです。その人によれば、日本人のシニアも登山のときは、赤をよく着る。山では不測の事態も起こり得るので、何かあったとき発見されやすいという理由もあるけれど、赤だと顔が明るく見えるし、元気なイメージになると。

私も、取材などで撮影のときは赤っぽいものを着てほしいと言われ、後で雑誌に載ったものを見ると、「たしかに明るく見えるな」と、我ながら感じます。

派手な色は何となく落ち着かないのですが「ときどきこういう色も着なければ」と思い直します。

＊　パーソナルカラー診断

「パーソナルカラー診断」というものがあります。人それぞれの肌、髪、瞳の色といった特徴にもとづいて、似合う色を、専門家が診断するそうです。

想定していなかった色が選ばれて、本人が驚くこともあるといいます。

「自分で似合うと思っている色」と「他人から見て似合う色」は意外とイコールでないのかもしれません。

＊　失敗を減らす色

好きで買ったのに、着てみると「お店で服だけで見ていたときと何か違う」と感じることがあります。

そういう体験を繰り返し、私はどうも、黄色味の入った色が合わないようだとわかりました。パーソナルカラー診断は受けていませんが、よく言う「イエローベース」「ブルーベースの人」と関係がありそうです。黄色でも青みのあるピスタチオグリーンだと、違和感は少ないです。

以来、グレーでも、グレージュでないグレー、ネイビーでもパープルか黒に近いネイビーを選ぶようにしました。失敗は減った気がします。

＊　愛用のLIBERTY PRINTでも

好きな「LIBERTY PRINT」でも、先述の法則は適用します。模様になるべく黄色味の少ないものを。

「LIBERTY PRINT」の生地を使った既製品の服で、柄がかわいいので、色のほうには目をつぶって買ったものの、後でやっぱり気になって……という失敗を何度かしました。

価格が少し高くなっても、自分の選んだ生地で作ってもらうのも、失敗を避けられればトータルでは安くなると思うからです。

＊ ハンドメイドのフリマ

オーダーメイドの店に心当たりがなければ、ネット上にあるハンドメイドのフリーマーケットを利用する方法もあります。「クリーマ」「ミンネ」などです。プロ、アマチュアを問わず、多くの人が作品を掲載していて、オーダーや支払いもサイト経由。

私も「LIBERTY PRINT」のブラウスを一度買ってみて、悪くなかったので、次は生地を指定し作ってもらいました。

着丈を選べたのも、既製品にない良さです。価格は既製品より少し安いくらいでした。

合う・合わないをあまり決めつけてしまわないよう気をつけつつ、自分に合うものを選べるようになりたいです。

Point

・派手なものも、ときには試す
・パーソナルカラーを知って、失敗を減らす

Chapter 4

健康、体づくり

1　毎日の食事で気をつけていること

＊　家庭科で習った「食品分類表」をイメージ

自炊が基本の私は、食材を1週間分まとめて買っています。土曜日にスーパーへ行き、金曜日にはなるべく使い切るように。

ミネラルウォーターはおよそひと月分を、ネットで購入しています。

ご飯は胚芽米か玄米で、たまに白米です。

おかずは昔、家庭科で習った「食品群」の色分けの図を思い浮かべながら作ります。「赤の肉、魚」からひとつ、「緑の野菜」からひとつ、「黄色の芋類」からひとつ……というように。

＊　「時間栄養学」と「炭タン」

「時間栄養学」という考え方を最近知りました。何を食べるかだけでなく、いつ食べるかを意識する。朝・昼・夜の各時間帯に応じて、栄養素を摂るようにすると効果的だと。
例えば朝にタンパク質をしっかり摂ると、筋肉がつきやすいそうです。「朝タン」と言われます。チーズ、ゆで卵が手軽だとすすめられていました。

私は朝は胃がまだ起きていない感じで、軽い食事になりがちですが、昼はしっかり食べます。魚を焼いたり、納豆か卵をプラスしたり。

一日に摂るタンパク質の量は、意識しています。

「炭タン」という言葉も聞きました。体を作る「タンパク質」と体を動かす「炭水化物」を、適切に組み合わせて摂るとパフォーマンスが上がるのだとか。

炭水化物は控えると痩せやすいので、糖質制限ダイエットをする人の中には「ご飯をまったく食べない」という人もいますが、摂って体を動かすほうを、私は選びたいです。

＊　20代の頃の苦い経験から、お弁当派に

今でこそ肌トラブルのほとんどない私ですが、社会人になり立ての一時期、吹き出物に悩まされました。

学生時代は自炊をしていました。私のひとり暮らし歴は、学生時代に始まるのです。卒業して会社勤めになると、労働時間と通勤時間が長くて、作る時間がなくなって。朝はファストフード店、昼は会社に配達されるお弁当、夜は残業中に何かを食べる……という状況に一変しました。

すると吹き出物が出てきて、貧血にもなりやすく「これではいけない」と。寝不足の目をこすりながらお弁当を作って、持って行くようにしました。お弁当用のご飯を前もって炊くので、夜も家で食べるようになります。

すると、肌トラブルも体調も改善していきました。

自炊で健康をキープしようと思ったきっかけです。

＊　ときには外食も楽しむ

家ではほとんどご飯なので、たまに麺類が食べたくなります。家で炒め物はめったにせず、揚げ物は皆無ですが、油を体が欲するのでしょうか。中華の海鮮焼きそば、それも揚げた麺のものが目の前にちらつき、店に行って注文します。

家でのおかずも魚中心とはいえ、エビ・イカ・アサリまで揃えることはありません。多種類の具材が使われているのが、店の料理。海鮮焼きそばだと野菜も結構入っていますので、栄養のバランスもいいように思います。
自炊とお弁当が中心ですが、ときには外食も楽しみたいです。

Point

- 家庭科で習った「食品群」の赤・緑・黄が揃うようにする
- 「時間栄養学」と「炭タン」を意識する
- 外食も楽しむ

2 生活のリズムを整える

＊ 60代からの生活の変化

60代は、会社勤めをしていて定年を迎えた人にとっては、生活のスタイルが大きく変わる時期です。長年続けていた通勤や、職場にいる時間がなくなります。

通勤や職場での時間は、一日のうちの大半を占めます。定年をきっかけとする生活リズムの変化は、女性より男性により多く起こることでしょう。

また、家族の誰かが亡くなる経験をすることの出てくる年齢。親を見送ったり、配偶者に先立たれ突然ひとりになったり。そこでもまた生活のリズムは変わってきます。これは男性、女性を問わず起こり得ること。

生活リズムの再構築は、60代からの大きな課題です。

＊ フリーランスの生活

私は仕事はしているものの、通勤はありません。20代の頃に数年、会社勤めをしたときは満員電車に乗る日々でした。その後は、毎日どこかに通うということのない生活です。

フリーランスの働き方だと、起床や就寝の時間、外出や帰宅の時間も日によって違ってきます。仕事の切りが悪いからと遅くまでパソコンに向かい続けて、翌日は早く出かける仕事があって、睡眠時間が短くなったり、「これでは不健康」と寝だめをしたり。

一日の組み立て方が自分に任されていることをこわいと感じるときもあります。

会社に通っていた人が、コロナ禍では急に自宅でリモートワークとなり、とまどったと聞きます。調査をしたら、サボるよりむしろ働きすぎになったという結果が出たと何かで読みましたが、わかる気がします。

自由の不安といいましょうか、「これでいいのか」と思ってしまうのです。

＊ 生活のリズムを保つ

私は仕事がフリーランスの上に、ひとり暮らし。時間の使い方は自分次第です。リズムを崩し始めたらどこまでも崩れていってしまうので、なるべく崩さないようにしたいです。

睡眠時間は最低6時間を保つ。年を取ると短時間睡眠の傾向になるといわれますが、私は8時間が自分のベストと感じています。8時間寝ると、次の日のパフォーマンスがいちばんいいです。

食事も生活のリズムを保つ要素です。時間が来たら朝、昼、夜の3食を作るというサイクルを作っています。

生活のリズムが崩れると、朝のゴミの収集時間に間に合わず、持って行ったゴミの袋をすごすごと持ち帰るという事態が起きます。あれはメンタル的に結構来るというか、自己評価も下がってしまいます。

＊ 心にハリを……「きょういく」「きょうよう」

シニアに大事とよくいわれるのが「きょういく」「きょうよう」です。教育、教養だと「今から無理」と思いますが、そうではなく「今日行くところ」と「今日の用事」。「きょういく」ところ、「きょう」の「よう」じを持ちましょうということです。それも生活のリズム作りに資することになります。

大きな計画でなく、小さな目的や役割でいいから
「ちょっと今日、〇〇に行く」
「ちょっと今日、〇〇をする」
といった、どこか出かけるところ、何かすることがあると、一日のリズムが整い、おのずと体も動かすし、心にハリが出そうです。

Point
・60代はリズムを作り直すとき
・「今日行くところ」「今日すること」を持つ

3　体力を維持するための習慣

＊　動けることのありがたさ

40代でがんになり、入院、治療し、治療後の体力に合わせて生活を組み立て直して、ようやく日常を再スタートすることができました。

自分は健康だと思っていたので、がんの診断を受けたときはあまりにも意外でしたが、「まさか」の病気を経て、それまで〝あたりまえ〟と思っていたことのありがたみを感じています。生きていること、動けることからしてもう、恵みだと。

＊　加圧トレーニングにチャレンジ

50代になってから「加圧トレーニング」を始めました。

父親の介護の間、ジムになかなか行けずにいたところ、

「週3回のジムと同じか、それ以上の効果を、週1回30分の加圧トレーニングで」といったうたい文句にひかれたのです。

加圧トレーニングはスポーツ選手が行うイメージがあるかもしれませんが、スポーツに向けた体づくりに限らず、さまざまな人がいろいろな効果を期待して受けていることを、加圧トレーニングのジムに行ってみて知りました。

＊　効果はさまざま

加圧専門のジムでは、まずはお試しで体験しました。そもそも加圧トレーニングとはどういうものかというと、腕や脚のつけ根に専用のベルトを巻き、適度に締め付けて筋トレをします。

適度な締め付けにより血流の制限された状態にすると、軽いトレーニングでも、大きな負荷をかけてトレーニングするのと同等の効果が得られるそうです。

実際、水の入った小さなペットボトルを持って腕を曲げ伸ばしても、まるで重いダンベルを持っているかのように感じました。

詳しいしくみはわかりませんが、加圧トレーニング中は、成長ホルモンが普通のトレーニングの10倍、安静にしているときの２３０倍も出ているそうです。

普通のトレーニングより筋肉がつきやすく、筋肉がつくと代謝が上がって、脂肪が燃えやすい体になるのは、周知の通り。

結婚式を前に好きなドレスを着たいからと、痩せる目的で通っている女性もいました。成長ホルモンの盛んな分泌のおかげで、肌もキレイになったといいます。

＊ シニアの体の回復にも

骨折のリハビリで来ているシニアもいました。成長ホルモンが回復を早めるそうです。最高齢は80代で、その人は座ったまま、足のつけ根にベルトをして踵を上げ下げするだけ。全身運動ができなくてもトレーニング効果を得られるのです。

介護が終わってからは、加圧のジムから普通のジムへ戻りましたが、自分の体の状況次第で、また取り入れたいと思います。

＊「体組成計」で体をチェック

ジムへ通うようになり、体形などの〝見た目〟だけでなく、自分の〝体のつくり〟も意識するようになりました。

タニタの体組成計を買って、家に置き、よくチェックしています。

体重の他、ＢＭＩ、体脂肪、内臓脂肪、骨量、筋肉量、基礎代謝、体内年齢など、推計値ではありますが、さまざまな数値が表示されるので、健康管理の指標になります。

Point

・動けることは「あたりまえ」ではない
・シニアにも向く加圧トレーニング
・「見た目」ではなく体組成計で管理する

4　40代のがんを機に、命について考えた

＊「老後のない人生もある」と気づく

健康について書くならば、がんのことは外せません。これまでの本で読んで下さった方もいらっしゃるかと思いますが、改めて伝えます。

40才のとき、がんの診断、治療を受けて、「命」や「残りの人生」について、よく考えるようになりました。

日本人女性の平均寿命は87才。40才はその半分にも達していません。「人生の先は長い」ことを前提にしていました。老後の不安はありましたが、老後が「ある」ことそのものは疑っていませんでした。自分の人生が50代、60代、70代と続くことはあたりまえのように思い、その上で、老後の心配をしていました。

がんの診断を受けると、その前提が崩れます。

平均寿命が87才だからといって、自分がその年まで生きるとは限らなかったのだなと。「老後のない人生もある」のだなと、初めて思い当たりました。

＊　悔いのなるべくないように

がんのことを報じる記事ではよく「幸い手術は成功！」などとあります。自分についてもそう書いてあるのを読みましたが、自分の気持ちとはかけ離れていました。

手術で取っても、再発することのあるのががんです。稀なところにできたがんで、早期発見の段階を過ぎていたためもあり、再発の可能性は常に頭にありました。

手術の後、手術で治る確率は何パーセントといった説明を受けます。細胞レベルで残ったがんが進行し、再発する可能性があるためです。

再発した場合の平均余命は何年といった数字も、情報化の時代ですから、調べればすぐに出てきます。

あくまでも統計上のことではあります。けれど体調がおもわしくなかったり、気分がいまひとつだったりすると、

「つまり自分は何パーセントの確率で、あと何年以内に死ぬわけか」
と、つい考えてしまいます。

がんは通常5年間、がんのできた部位によっては10年間、フォローの検査を受けます。再発の不安と向き合う期間は、私も長く続きました。

検査というのは不思議で、受けたときから、悪い結果の出ることを想像してしまうものです。

悪い結果が告げられて、残りの人生が限られてしまったら、無念でないわけはない。受容なんて境地には、私はとても立てないだろうけれど、後悔に苛まれる苦しさは、せめて少なくしておきたく、

「それには一日一日をできるだけ悔いなく過ごすしかないな」

などと思っていました。

＊ 自分なりのメディカルチェックを

がんのフォローの検査は今は終わり、人間ドックを受けています。

検診でがんが見落とされてしまったという例が、ときどき報じられます。たしかに人間ドックといえども、万全ではありません。

けれど、がんの治癒率は上がっています。早期発見であれば、なおさらです。早期発見の困難ながんになりながら、幸いにも生き長らえた私は、早期発見の期待できるがんで、せっかくの命を失うのはあまりにももったいなくて、検査を受けています。

リスクを下げられると思うことは惜しまず行っていき、健康長寿に努めたいです。

Point

・「老後がない人生もある」と知る
・検診や人間ドックで早期発見に努める

5　平均寿命と健康寿命

＊　平均寿命と健康寿命

日本人女性の「平均寿命」は87才。

「平均寿命」と「健康寿命」には12才の開きがあると言われています。

「健康寿命」とは日常生活において身体を動かすことができ、病院に行くことも少なく、治療や介護などもそれほど必要としないで生きることができる年齢だと聞いています。

将来、何かの病気になるかもしれませんが、「健康でいる期間」を長くしたいものです。

＊　3人に1人が高齢者

2023年9月に公表された総務省の統計によりますと、日本の高齢者の人口は3623万人。

総人口に占める高齢者の割合は、ほぼ3人に1人です。この数字は、世界200の国と地域の中で最も高いといいます。日本は高齢化の最先端を行く国です。


この人口は、65才以上の人のこと。

75才以上の後期高齢者に限っても、その数は初めて2000万人を超えました。

80才以上も10人に1人になったそうです。


今の60代が80才を迎える頃は、もっと高い割合になっているでしょう。

80代は人の手を借りることが多くなるとき。身が引き締まります。

＊ 年を取っても働いている

高齢者の中で、何らかの仕事に就いている人も年々多くなっています。

2022年で既に912万人。19年連続で増え、過去最高だそうです。高齢者の就業率は、4人に1人を超えました。

全体で見ると、仕事に就いている人のおよそ7人に1人が高齢者になるそうです。

海外から日本を訪れた観光客の声として紹介されていたのが、「働く高齢者」に多く遭遇する驚き。空港バスに荷物を積んでいたのもタクシーの運転手も、白髪の人だったと。

「年を取っても働かないといけないなんて、気の毒」と思うか、「働ける身体があって羨ましい」と思うかは、人によって異なるでしょうが、私は後者です。健康寿命をまさに延ばしている人なのだと。

＊　支え手不足の社会を生き抜く

かつては55才で定年の時代がありました。法律により、60才定年が努力義務になったのが１９８６年、60才未満の定年が原則として禁止となったのが１９９４年。

60代の人が社会に出た頃は、今ほど長く働くことを前提としていなかったのです。そもそも日本人の平均寿命が55才だった時代もありました。まるで違う社会になったようです。

定年は延長の方向にあります。労働年齢人口の減少は、物流や交通にまで影響が出始めています。介護や医療も例外ではありません。

健康への願いは、老いの支え手不足や、社会経済活動の担い手不足を考えると、より切実になります。

病気は予防できるものばかりではないけれど、生活習慣によりリスクを下げられるものは下げ、高齢社会を生き抜きたいと思います。

Point

・延ばしたい「健康寿命」

・病気のリスクを下げる努力は必要

Chapter 5

60代からの
お金と暮らし

1　ムリをしない節約

60代になり、年金をいつから受け取り始めるか、考えざるを得なくなりました。原則65才からですが、繰り上げ・繰り下げの選択肢があるからです。

シニア向けの記事でよく「〇才から受け取るといくら」と試算しているのを見かけます。早く受け取り始めると額は安く、遅いほうが高い。けれどあまり遅くするのもリスキー。何才からがベストか、迷う人は多いでしょう。

私は少なくとも繰り上げは選ばず、繰り下げるかどうかは検討中。

払うほうも迷います。私の加入している国民年金は、何もしなければ60才で納付が終わりますが、60才過ぎても払い続ける選択肢があるのです。「任意加入」といい、将来の受取額が増えます。

そういうことを、60才を迎える年になって初めて知りました。
「今年は引き落としの通知が来ないな」と思っていて、
「そうか、60才だから納付が終わるのか」と気づきました。

お金に明るい人は現役世代のうちに試算し、年金で不足する分を貯金するなどの計画を立てるのでしょう。生涯に受け取る賃金も把握して。

月々の給与が決まっていない私は、お金の把握を怠ってきた感があります。一つひとつの仕事の報酬も、今でこそ「発注」時に提示されますが、ひと昔前までは「納品」のひと月とか、ふた月後に振り込まれて初めてわかることがほとんどでした。

財テクにも無知で、金融リテラシーは恥ずかしながら低いです。

ただ、細かい数字ではなくとも
「私は国民年金だから、将来は月6万前後らしい」とか、
「今は月々、だいたいこのくらい振り込まれている」など収入の大枠はつかんでいます。
出費は、収入の枠を超えることのないよう抑えています。

借金は住宅ローンのみ。住宅以外の何かを買うためにお金を借りることはなく、分割払いもしたことがありません。

借りないと買えなかったり、一括払いで買えなかったりするものは、購入対象から外れます。

＊ アプリの活用

銀行で通帳を作ったり、紙の明細を発行してもらったりすると、お金がかかるようになりました。

私は確定申告のため税理士さんにコピーを送る必要から、通帳は止めていません。が、日頃の管理は、かつてはわざわざＡＴＭ機へ記帳しに行っていたのを、家計簿アプリでするようになりました。

家計簿アプリにもいろいろあって、私が人にすすめられたのは「マネー forward」。簡易版の「マネー forward me」は無料で利用できます。

銀行口座やクレジットカードを登録すると、それらのお金の出入りが一覧で示されます。月々の収支もはじき出されるので、使いすぎを防げます。

＊ ひとり暮らしの家計管理

収入の範囲内で暮らしていても、支出が超えそうになるのは、税の引き落としのある月です。住民税、健康保険料、固定資産税……まとまった額なのでこわい。
年間の引き落とし予定を、前もって知らされるので、将来、年金収入のみとなったら、年金の受給月と併せて管理しなければなりません。

お金の使い方が自分に任されているのが、ひとり暮らしのこわさ。
知人の女性は、旅行のときのお土産の予算まで、いくらいくらと決めているそうです。旅行だとつい奮発しそうだけれど、ハメを外さないように。

一つひとつを予算の範囲内に収める堅実な管理を、見習いたいものです。

Point
- 収入の枠を超えない暮らしを
- 家計簿アプリや引き落とし通知で支出をつかむ

2 好きなことにお金を使う

＊ 優先順位は変わる

30代、40代、50代と振り返り、それぞれの年代のお金の使い方はポイントが変わってきていると感じます。

30代は「服」にお金を使いました。
40代は「器」に使いました。「病院」にもお金がかかりました。
50代は「介護」にどうしてもかかりました。自分のことでは「加圧トレーニング」がメインの出費でした。資格を持つトレーナーがマンツーマンでつくので、高くはあるのです。

60代の今は「ジム」。加圧トレーニングではないジムに行くのが、何よりの優先順位となっています。服はほどほど。器は、昔の自分が嘘のように買わなくなりました。

＊ 高いプランの使い勝手

私の楽しみのひとつが「ジムに行って、体を動かすこと」です。

前項で「収入の大枠をつかんで、出費を抑える」と述べました。

私の生活において「ジムに行くこと」は欠かせないことで、ジムの出費は「固定費」と考えています。ジムの費用は月々2万円です。

通っているジムには、いく種類もの料金設定があり、初めは7000円台のものを選びました。店舗限定で、週2回だけ利用できるプランです。

それでは物足りなくなり、何回でも利用できるプランへ。けれど、自分の行ける日に、行きたいダンスフィットネスのレッスンがその店舗にないことがあるので、関東エリアのどの店舗でも利用できるプランへ、さらにグレードアップしました。

遠めの店舗へ行くと、荷物が負担になります。タオルやシューズのレンタルつきのプランへ、さらにグレードアップ。それが今の2万円です。

7000円台から2万円はかなりの増額です。ただ1年分を一括で払うと割引になり、11ヶ月分ですむので、そちらで節約することにしました。

このプランにしてよかったと感じるのは、前はあきらめていたタイミングでも行けるようになったこと。

仕事帰りの、いちど家に戻ってからシューズを持って出直すには間に合わないときとか、外出先で中途半端に時間が空いてしまったときとか。

少なくとも週3回、多くて5回。仕事のやり繰りさえつけば毎日でも行きたいほどですが、実際にそうしてみたら、体力がついていかないかもしれません。

＊　節約プラスアルファの効果

仕事帰りにジムに寄り、風呂だけ入ってくることもあります。

家の風呂を使う回数も、タオルの洗濯もそのぶん減るので、光熱費の節約になっているかもしれません。

「風が吹けば桶屋が儲かる」的発想ですが、運動により生活習慣病のリスクを下げられているならば、医療費の節約になるかも。

何よりも「生活の質」が上がります。ジムに行った日は眠りの質がとてもよく、ぐっすり眠れます。そうでないと夢の中でまで仕事をしていたでしょう。

私にとって「ジムに行くこと」は心身によく、日々のメリハリになっています。

将来、年金収入のみになったら、月2万円の出費はきつい。

そのときは自治体の体育館や公民館で行われているレッスンに出るという方法もあります。

家で動画を見ながら体を動かす方法もあるのは、今の時代ならではです。

Point

- 自分にとっての優先順位をつける
- 費用と効果をトータルで考える

3 若い頃の失敗、後悔、反省

＊ 高級ブランドの失敗はないけれど

30代では服をよく買ったと述べました。20代でも、30代のときほど可処分所得はなかったけれど、買っていたと思います。

過ぎてみれば、買わなくてもよかった服は多くあります。都合の悪いことは忘れてしまうので、一つひとつは覚えていませんが、バーバリーのコートはたしか10万以上しました。今のようにはファストファッションがない頃で、既製服が全体的に高かった印象です。

周りには高級ブランドのバッグで、50万円もするとかいう物を買っている人もいました。そこまでの買い物は、さすがにしたことがありません、というか、できません。

前述の通り、収入の範囲内で暮らすタイプ。高価な物を無理して買って、生活費に困るといった失敗は、幸いにもないです。

買っても使わなかった、無意味な買い物をしたという失敗ならヤマほどあります。似合わなくて、1回しか着なかった服などです。

＊ つい買ってしまう「魔」の時間

顧みれば、そうした失敗をしがちなのは忙しいとき。仕事に追われているときほど買っていました。

ふだん買い物する時間がなかなかないからと、出張先で空港へのバスが出るまでの間にバスターミナル前のデパートへ入って、仕事で着そうなジャケットの2着で迷い、両方買ってしまうとか。


知人の女性は、人事異動の前後の慌ただしさの中、立ち寄った店でフェイクファーのコートを買ったといいます。

後になって「なぜ私、あんな物を買ったんだろう」と。冷静になってみると、会社勤めの自分に着る機会があるとは、とても思えない。

「あれは一種の現実逃避というか、ストレス買いだった」と分析していました。

隙間時間にまとめ買いをしていた頃の私に、ストレスの自覚はなかったけれど、ストレス発散行動だったのでしょうか。

そのときは「あれば使える」「あると便利」のつもりで、衝動買いとは思わないのですが、結局さほど出番がなく。

気持ちが落ち着かないときの隙間時間は、買い物にとって「魔」の時間です。

＊「好きな服」が「似合う服」とは限らない

いろいろな服を買って、着てみて、つくづく思い知ったのが「自分が好きな服」と「自分に似合う服」は必ずしも一致しないこと。

色でいうと、赤はディスプレイしてあると目を引きます。試着した瞬間は、気分が上がります。ひと頃は、同じ型で赤系と青系が売られていたら、好んで赤系を買っていました。けれど実際には難しい色。赤でも、顔のくすみを引き出してしまう赤があり、青のほうが無難です。

黄色も、私には要注意。前述の通り、柄物の服で全体としては好きでも、黄色が入っていると、私の場合は顔がくすんで見えてしまうと気づきました。

形でいえば、Vネックはどうも私には似合いません。知的な感じで憧れるのですが、体形とか、顔の造りとかの関係でしょうか。

体験に学び、好きでも手を出さない物が定まってきて、失敗は少なくなったと感じています。

家で洗えるかとか、シワになりにくいかといった素材の扱いやすさや、何年くらい着られるかなども考えて、買うようになりました。

Point

・落ち着かない気持ちでのショッピングに注意
・「好き」と「似合う」は必ずしも一致しない
・扱いやすさや耐用性もポイント

4　これからの年金生活

＊　月々の受給額を知る

60代前半。同世代には、勤めを定年退職し、年金生活に入った人も出てきています。年金の受給開始が原則65才とすると、もうすぐです。

制度を頭で理解していても、自分のこととなると、にわかにはイメージできないのが正直なところです。

若いとき、ほんの数年ですが会社勤めをしていた時期があり、その頃に加入した厚生年金は、62才から既に振り込まれ始めました。受給開始が、加入時は60才とされていたのが65才に繰り下げられたことに伴う特別支給だそうで、ひと月当たり約３８００円。

65才からは、受給開始を遅らせる選択をしない限り、国民年金の支給も始まり、ひと月当たり約６万６５００円の見込みです。

適当なことは書けないと思って調べたら、年1回送付されてくる「ねんきん定期便」をとってあって、お金の把握の不得手な私のような者には、大変便利とわかりました。

＊　ある中でやっていく

感心している場合ではありません。身の引き締まる数字です。月2万、ジムにかかるとしたら、残り4万円が生活費？

いえいえ、家賃の支払いこそない私ですが、管理費はあります。通信費、光熱費もあります。するとジムの2万円を削っても、生活費はいくらか？

ある中でやっていくしかありません。支出の規模の「サイズダウン」とともに、個々の支出の中身の「レベルダウン」を図らないといけません。

食費ひとつとっても、私は魚がメインのおかずですが、安さで選ぶとアジ、サバ。私の好みには、養殖のブリより合っていて、「価格のレベルダウン」が「質のレベルダウン」とは限りません。

年金生活の予行演習のつもりで、スーパーで価格の傾向に目を光らせています。

＊ 無職のひとり暮らし

総務省の「家計調査年報　2022年」によると、65才以上で無職のひとり暮らしの人の支出は、月当たり約15万5000円でした。自分の年金額を考えると、貯金を取り崩していくことになるでしょう。

今は無職でない私も、5年後、10年後はどうなっているか、わかりません。

年金以外の収入もあるとよいのですが、自分の意思だけではどうにもならないものがあります。

・目の前の仕事を真面目にする。
・今あるものを大事にする。
・なるべくお金をかけない生活へシフトしていく。

それらが今考えつく「できること」です。

＊ 住み替えで節約

知人は街中の住まいを賃貸に出し、自分は交通の便の悪いところへ引っ越しました。前ほど出かけることがなくなったから、それでいいと。元の住まいも古いマンションの小さな一室ですが、そちらは駅から近いので、若い入居者がつくそうです。

自宅リフォームの際に仮住まいしたUR都市機構の賃貸住宅には、一定以下の所得の高齢者に、賃料の負担を軽減する措置がありました。バリアフリー仕様への改修や安否確認など、高齢者を支援するサービスも。

自治体にも、同様の措置があると聞きます。

私はつい、今住んでいる家で老いていくことばかりを想像してしまうのですが、住み替えという選択肢もあると知ると、心が少し楽になります。

Point

- 年金の受給額を知ったうえで予行演習をする
- 価格のダウンが質のダウンとは限らない

5　イザというときの準備

＊　病気やケガに備える

日常の出費と別に起こり得るのが、病気やケガなどの出費。

備えのひとつの方法が「保険」です。


私は30才で、ごく一般的な生命保険に、40才を前にがん保険に入りました。

どちらも差し迫った必要を感じたわけではなく、

「このトシだから、ひとつくらい保険に入っておくか」

「がん保険が話題だから、入ってみるか。掛け金も安いし」

というくらいの動機です。

とりあえず「備えらしきことをした」という安心感が大事で、給付を受けるイメージはあまり具体的ではありませんでした。

40才でまさかのがん。「まさかこんなに早く役立つとは！」と驚きました。

2つの保険から、入院や手術に対する給付金、がん保険からは診断給付金も出て、病院に払ったお金を上回る額でした。

入院中や退院後の一時期は、仕事ができず収入が減りますし、給付の対象とならない療養にも何かとお金がかかります。

貯金で備える方法もありますが、私は保険の給付金で助かりました。

＊　ときどき保険の見直しを

今入っている保険は、40才のときのままではありません。2つとも途中で見直し、入り直しています。20年の間に医療が変わり、前の保険の設定では実状に合わない部分が出てきたのです。

保険にはいろいろな種類があって、どれにするか迷うところです。

ショッピングセンターなど街中の目につくところに、保険ショップがよくあります。

複数の会社の保険を取り扱う代理店です。特定の保険会社に資料請求するのは、営業攻勢がこわくて躊躇される人には、助かります。

資格を持つ人がいて、無料で相談できるとのこと。最大手は「ほけんの窓口」で、約40社の保険から選べるといいます。

私も昔入ってみたことがあり、本当に無料でした。後日の営業もありませんでした。

ただ代理店である以上、おそらくは手数料が収入になると推察します。手数料の高い商品を優先的にすすめる人も、中にはいると聞きました。

＊ シニアによくある選び方

ひとり暮らしの私は、私にもしものことがあったとき困る家族はいないので、死亡保険金は、30才の加入時から少ないものを選んでいます。

シニアでは、ひとり暮らしの人に限らず、死亡保険金を少なくする人は多いと聞きます。子供が独立し、彼らの生活を支える必要がなくなるためです。

むしろ自分の病気やケガへの備えがメインになります。介護に備える保険も多くなりました。

シニアが気にすべきは、「保険の対象となる期間」です。

今60代の人の親世代は、長生きが前提とされていなかったのでしょうか、

「90近い親が入院して、何か保険に入っていたなと思って、書類を引っ張り出してみたら、80才で終わっていた」などという話を、まま聞きます。

私は見直しの際に「終身」を選びました。いくつで病気しても対象になる、という意味です。ケガは、私の保険には「特約」として付いていて、これは1年ごとに更新しています。保険料は、一生分を先払いしました。会社員でない私は、保険料がいつ払えなくなるかわからないので、あるときにまとめて払ってしまおうと。

今出ていく保険料は、ケガの特約分の年間1000円ほどのみ。収入が減っていくだろう私には、大きな安心です。

受け取るほうも払うほうも、自分の必要や状況に応じて選べます。

Point

- 病気やケガは起こり得る
- 昔入った保険は実状に合っているかを検討する
- 「保険は何才までが対象か」を気にかける

Chapter 6

人間関係

1 家族のつながり

＊ 家族の形態

ひとり暮らしのシニアが増えています。65才以上の人のいる世帯のうち、大まかに言って3分の1がひとり世帯だそうです。

かつては「夫婦と子供2人の4人が標準世帯」といわれました。

女性の俳人に次の句があります。

ふたり四人そしてひとりの葱刻む　西村和子

61才の年に出された句集に収められています。

結婚して、2人の子を設け、それぞれが独立し、伴侶を送って、今はひとり。家族のそうした変遷に、共感する人は多いことでしょう。

＊ 夫婦のつながり

西村和子さんはお連れ合いを亡くされてしばらくは、冬でもサングラスをかけていたと、著書にありました。いつどんなきっかけで涙が溢れるかわからなかったからだそうです。

シングルの私は、自分の経験は語れませんが、人の話を聞いていると、夫婦には親きょうだいとは別のつながりがあるようです。

知人が夫を亡くしたときのあまりの落ち込みように驚きました。夫が生きている頃は夫由来のストレスをしょっちゅうこぼしていて、いなくなってそれほど落ち込むとは正直、意外だったのです。

本人によれば「それとこれとは別」。

親やきょうだいとの年月は、実は短く、地方出身者の知人は進学で家を離れた18まで。夫婦はそれよりずっと長い年月を共にする。

仲が良い良くないにかかわらず、いるものがいなくなった喪失感は大きいといいます。

＊　きょうだいのつながり

きょうだいとは、学校に上がってそれぞれに友だちができると、関係が薄くなるものです。10代では2才離れているだけでも、関心の在処や住む世界がまったく異なります。

やがて進学、就職、結婚などで家を出て、それぞれ新しい環境に適応するので精一杯。きょうだいと会うのは盆と正月のときくらいという人は、多いのではないでしょうか。

私も親の家とは行き来がありましたが、きょうだいとはそれほど交流していませんでした。別にいがみ合っていたわけではないけれど、今のＬＩＮＥのような連絡ツールのなかった時代です。

「わざわざ電話するほどでも。用はないし、相手も忙しいだろうし」

という感じで、日々が過ぎていきました。

＊　親の老いに直面

交流が復活したのは、40代後半から。親が体調を崩したり、衰えも現れてきたりすると、子供同士が親を介さずに連絡を取り合う場面が出てきます。

それぞれが見聞きした、親の危なっかしい状況を話し合ったり、親の家にいる当番を決めたり。やがては介護をどうするかの相談に発展していきました。

きょうだいで介護したというと、昔からさぞ仲が良かったきょうだいなのだろうと言われますが、そうではありません。

ひと頃薄かった関係が、親の老いによって、濃くなったのが実際です。

家族の関係は、ある一時点の断面では語れません。時とともに変化します。

Point

- シニアの「ひとり世帯」は増えている
- 関係のあり方は年とともに変わる

2 親の病気、介護を経て

＊ 親との別れ

60代は親との別れを経験することの多い年代です。

周囲の話や、仕事先の人の忌引きによる不在、年賀状の欠礼などに、そう感じます。60代の親世代は、80代から90代ですから、自然なことです。

別れがいつどんなふうに来るかは、予測がなかなかつきません。

知人の女性は「いいトシしてお恥ずかしいけれど」と言いながら、親の亡くなるのが実は恐怖なのだと、打ち明けました。

意外でした。自立心が旺盛で、高校卒業と同時に地方から出てきて、資格を取得し、そのまま東京で働いている女性。が、本人によれば、進学先も職業の選択も、実は親の後を追いかけているところが大きいそうです。

内なる導き手としての親を失ったら、途方に暮れて、立ち直れないのではと案じる知人に、私はかける言葉に困ってしまい、

「まあ、でも、世の中の多くの人が、親が先に逝くわけだし……」

つぶやくように言うと、それが妙に説得力があったようで、

「そうね、その割に〝親の後追い自殺〟なんて、あまり聞かないものね」

声の調子がすっかり変わっていました。

＊　送る立場

私の親との別れは、父、母とも病気ですが、ある意味で対照的でした。

母は、今の時代にしては若い73才で、突然に近いかたちで亡くなりました。心筋梗塞で病院へ運ばれ、数日後でした。

父は在宅で5年間介護をした末、最後のひと月入院して亡くなりました。90才でした。もの心ついたときに祖父母は既にいなかったので、私にとって初めて目の当たりにする老いでした。身近な人が、時とともに徐々に弱くなり、命の終わりへ近づいていく過程に立ち合う経験です。

介護については心残りがあるものの、「送った」という感じを持つことができました。

母亡き後、父が80になろうとする頃、私のほうが病気になり、

「親に自分を送らせない」

をひとつの目標にしたのですが、

「あのときの目標は少なくとも達成できたな」と。

＊ アニバーサリー反応

親が先に逝くのは順番といえるし、親を送るのは子の務めともいえ、ある種のあきらめはつきます。

あきらめはつくけれど、ずっしりと重い衝撃は、案外長く残ります。


身近な人が亡くなった後、毎年その時期になると、そのことを思い出すという話は、よく聞きます。

先ほどの知人とは別の人は、父親を真夏のセミが鳴いていた頃に亡くし、また別の人は母親を、春の桜が咲く頃に亡くしました。

以来、セミの季節、桜の季節になると、親の死を看取った記憶が蘇るそうです。

「アニバーサリー（記念日）反応」と心理学では呼ばれています。辛い出来事から節目の日に、心身が不安定になることです。

名づけられるとは、広く見られるものであるということ。

誰にでも起こる、普通の反応なのだと知っておけば、記憶に不意打ち的に襲われ動揺したり、思い出してしまう自分を責めたりすることがなくすみそうです。

Point

- 60代は、身近な人を送ることが多い
- 「アニバーサリー（記念日）反応」は、自然な反応

3　職場は離れてゆくけれど

＊　職場で過ごす時間

仕事をしていると、職場で長い時間を過ごします。苦手な人、イライラさせられる人もいるだろうけれど、定年して、一日のかなりの部分を占めていたその時間がまるまるなくなると、とまどうでしょう。60代の課題のひとつです。

学校を卒業して2年ほど会社勤めをしました。残業が多くて、会社にいる時間は長く、朝から晩まで同じ人と顔を突き合わせている。家族でもないのにこれほど長い時間を共に過ごす、不思議な関係だなと思いました。

同じ部署の先輩とは面倒なことにならぬよう、挨拶はしっかり、その他の会話は必要最小限に。他の部署の同期入社の女性たちとの関係が、息抜きでした。

2年ほどでは、組織のほんの末端にいただけですが、それでも

「物事はこういうふうに決まっていくのだな」

という、会社としての意思決定のようなものは、うすうす感じ取れた気がします。

＊　フリーになってから

フリーで働いている今、最初からフリーだったのと、会社勤めを経てフリーになったのでは、違う気がします。

例えば、うれしい話が来ても喜びすぎない。

「まだ、この人が思いついてくれているだけで、これからさまざまな段階を踏んでいかないといけないのだな」

と察し、突破するには何が必要か、共に考え、作戦を練ります。


フリーだと、仕事の相手はそのときどきで変わります。基本は家で、ひとりで働く日々。職場という存在が、ときどき懐かしくなります。ストレスはあるものの、ルーティンの安心感といおうか。

月に一度の頻度で通う仕事がいくつかあって、毎日顔を合わせるわけではないけれど、何年も続くと見慣れた顔にはなり、私にとって「職場」に似た関係です。7年続いたテレビ番組「NHK俳句」のスタッフとは、今もときどき集まっています。

＊ リタイアとスタート

法律の改正もあり、定年は60才から65才へ延長される方向です。再延長や、いったん退職し再雇用というかたちで働き続ける人もいます。

60代は一般的にリタイアの年代ですが、考え方によっては、何かを始めることができる年代です。

リタイアに伴い、後輩たちへ仕事を引き継ぐことになりますが、彼らとの距離のとり方は考えどころです。

「スタートアップ」という言葉がよく聞かれるように、今の世代は、終身雇用制が一般的だった私たちと異なり、流動的というか、新しいことを始めることへの心理的ハードルが低い印象があります。

始めるに当たっては、先輩より同年代、あるいは自分より若い人と組みたいかもしれません。

＊ 若手とのコミュニケーション

年上の私たちの経験が、役に立てるのか、じゃまになるのか。

コンプライアンスは高まっています。パワハラ、セクハラ、モラハラの問題意識も同様です。

かつては「普通」だったけれど、今の基準では「?」と思われることもあるでしょう。

例えば、仕事の流れで食事に行って、大皿に残った揚げ物の最後のひとつを「ほら、若者、遠慮しないで」と、いちばん年下の人に取らせることも、今はパワハラになるのかも。

自分たちの現役時代のやり方を押し付けず、相手の感覚や考え方を知るよう、努めたいと思います。

Point
・勤めた経験はフリーランスでも生きる
・リタイアは、始まりやリセットのとき

4 学生時代の友人

＊ 同級生との交流

就職してから、学生時代の友人たちと会うことは減ります。会う人は会っているようで、私にもたまに声がかかっていましたが、会社勤めの人が休みの日に、私は仕事が入ることが少なくなく、連絡も次第になくなりました。

忙しさは、どちらかといえば言い訳で、人付き合いに積極的でなかったり、出不精だったりする私の性格によるところが大きいです。

申し訳ない気持ちと少しの後悔があります。

ずっと共学だったので、初恋めいた思いをひそかに抱いた人も当然います。両思い（懐かしい言葉）にはなりませんでした。

どうしているかなと思うときはあります。今なら普通に話せるだろうから、話してみたいなとか。

でもたぶん既婚者だろうし、そうでなくても、事を変に複雑にしたくなくて何もしないまま。同様の人は多いのではないでしょうか。気になっていた相手は、思い出の中の人のままという。

一般的に50才を過ぎると、集まることが増えるようです。子供が進学や就職をして、そろそろ手がかからなくなるためでしょうか。同窓会が復活するのが、この頃です。

＊　60代からの男性、女性

60代からは、男性は仕事を続けている人とそうでない人と、2つに大きく分かれるようです。役員として残る、関連会社へ出向する、再雇用などで働き続けるか、リタイアするか。

知人で同窓会によく出る人によると、リタイアした男性の参加は少ないとのこと。心理は推し量るほかありません。

女性は、少なくとも私の年代では、男性のように60代で大きく分かれることはあまりありません。社会に出た当時の環境からして、そもそも定年まで働き続ける人が少ないし、分かれるといえば、もっと前の段階で、2つどころか、いくつにも分かれています。既婚・未婚、子供あり・なし、仕事あり・なしなど、もういろいろ。

社会的地位にとらわれないため、交流しやすいように思います。

＊　他人と比べない

かつて女性は、結婚相手で序列がつくかのようにいわれました。

高学歴、高収入、高身長の「三高」が理想の相手とされ、セレブ婚、シロガネーゼ（高級住宅地とされるエリアに住み、優雅な生活を楽しむ専業主婦）、などの流行り言葉が、次々と生まれました。

今だと、「タワマン」の階数でマウントを取り合う感じでしょうか。

若くて不安定な頃は、人と自分を比べがちです。

でも、盤石だと思っていた会社が潰れるとか、離別とか病気とか、いろいろな経験をするうちに「幸せってそういうものではない」とわかってくる。美貌を誇っていた人も、年を取る。

さまざまな道に分かれた女性も、60代にもなると「平準化」するように感じます。
男性であれ女性であれ、他人と自分を比べない人がのびのびしている印象です。

Point

- 社会的地位にとらわれずに交流する
- 他人と自分を比べないほうがのびのびする
- いろいろな経験が、序列は無意味だと気づかせる

5 いくつになっても「仲間」はできる

＊ 40代に出会った「がん友」

40代でできた新しい人間関係が「がん友」です。

同じ病気の人だからこそ、できる話があります。

別に「がんでない人にはわからない」などと、排他的になるわけではありません。

それを言い出せば万事、

「子供のいない人にはわからない」

「組織に属していない人にはわからない」

と、相互理解を拒否するばかりになるので、言わないようにしていました。

それでも、同じ病気の人だからこその心安さはあるのです。

「がん」なんて、口に出しただけで相手を緊張させてしまうかなとか、場が暗くなってしまうかなとか、気を遣うことなく、話せます。

治療の影響で脱毛したときの、眉の描き方とかカツラのこととか。便通のコントロールが難しいときの、出先でのトイレの探し方とか、会議での乗り切り方とか。

共通の苦労のありそうな人同士、集まって食事することもありました。

お互いの連れて来た人を紹介するとき、出てくるのが「がん友」という言葉です。「この人もがん友」と。

初対面とは思えないほど、話が弾みます。男性、女性の別もありません。

しばらく来ないなと思っていた人が、元気そうに現れるとハグして歓迎。日本人なのに異性の人と挨拶代わりにハグするなんて、私には「がん友」以外あり得ないことでした。

青春映画ではよく、部活や訓練生などの仲間が試合や試験といった、乗り越えるべきものの前に円陣を組んで、気勢を上げていて、若さそのものという感じです。

あれと似た人間関係が、中年になって、しかも人付き合いに消極的な自分にまさかできるとは、驚きでした。

＊ 50代からの俳句仲間

「仲間」と呼べる人間関係がもうひとつできたのは、50代。縁あって始めた俳句でです。季語を入れる、音数は五七五など、制約が多く窮屈そうなイメージがありますが、覗き見のつもりで句会に行ってみたら、思いのほか自由でした。

句会では無記名で句を提出し、作者が誰かわからない状態で、好きな句を選びます。初心者もベテランも区別はありません。

とある職場の句会でしたが、社長もアルバイトも同等の立場。作者がわからない以上、忖度や利害勘定の働きようがないのです。

まったく別の機会、例えば仕事先で知り合った人が、俳句が趣味とわかると、いっきに親近感がわきます。「あの楽しみを知っている人なのだ」と。

趣味を同じくする人同士の心安さです。

＊ 60代、新たな趣味でつながって

60代でできた人間関係は、ジムにおけるものです。1章と5章で述べたように、ダンスフィットネスのレッスンに出ています。

ダンスフィットネスが好きな人は、同じレッスンに通って来るので、週に何回も会います。会う頻度でいえば、俳句仲間よりも、それどころか家族よりも多いほどです。

大人同士だから、プライバシーを尊重し、フルネームを訊くことすらしないけれど、挨拶プラスアルファの会話を交わすようになり、レッスンの写真を撮ったのを機に写真を送るため、フルネームを知らぬままＬＩＮＥの「友だち登録」をし……。

同級生、仕事関係、がん友、俳句仲間とはまた違った人間関係です。

Point

・病気したからこそ持てた「がん友」
・趣味でも作れる「新たな仲間」

6　60代からの交流……リアルとネットで

＊　60代で見直す、日々の組み立て

40代は自分の病、50代は親の介護と向き合って、アッという間に過ぎました。

介護は特に「計画」というものが立てにくいものです。

きょうだいとは当番制を組んでいましたが、事態によっては急遽駆けつけます。

いつ出動するかわからないので、当番以外の日も、仕事をできる限り進めておきます。

時間の使い方は、いつも詰め詰めでした。隙あらば前倒しで差し挟む。

それでも、できていない感じがあって、時間に追われる夢をしょっちゅう見ていました。

60才で少し余裕ができた感じです。

欠席続きだった句会へ出席するようになり、ジムへ行く習慣がつきました。

ジムは「時間ができたら行こう」と思っていては、どうしても後回しになります。

かつての癖で、つい仕事を進めておきたくなるのです。

「ジムは健康の元、健康は仕事の資本」と考え、仕事に近い優先順位を置くことに。日々の暮らしの組み立ては、ずいぶんと変わりました。

＊ リアル、オンライン

組み立て方に小変更を迫られたのが、２０２０年からのコロナ禍です。

出かけること、集まることが控えられ、句会、ジムともなかなか行くことができませんでした。

次善の策として、自宅からオンラインという方法がとられました。

句会はミーティングアプリで行うか、メッセージで送信し合うか。ジムはミーティングアプリを用いてのバーチャルレッスン。

リアルと比べて物足りなさのある一方、「この方法なら、介護していた頃もできたな」と思いました。

移動時間がなくてすむのは、この先、仕事を続けていく上で助かる面もありそうです。

コロナ禍では、リモートワーク、テレワークがいっきに普及しました。

会議や打合せ、私の仕事でときどきあるインタビュー取材を受けるなどは、

「これも、介護をしていた頃にこの方法があれば、できたことがいろいろあるな」

と思いました。

＊ これからのライフスタイル、ワークスタイルはさまざま

YouTube、TikTokなどの動画配信を利用し、スタートアップしている人が既にいます。オンラインでの発信により、交流の場や収入を得る機会につなげていけます。

60代は、それまで組織に属していた人でもフリーになっていく年代です。スマホで自撮りすらしない私は、動画配信には無縁ですが、YouTuberになるわけでなくても、個人で何かを始めたいシニアには、後押しとなる変化といえます。

「60才でリタイア、これからはゆっくり過ごす」

という一律的に思い描かれていた60代からのライフスタイルは、過去のイメージとなりそうです。

＊ 地域との関わり

リアルで私が大事にしたいと思うのは、ご近所とのつながりです。
プライバシーの意識もあり、隣の人のことをよく知らないのは珍しくありません。が、いざというときは、「遠くの親戚」より「近くの他人」。家の前で転ぶとか、倒れた自転車を起こせないとか、思いがけないことで助力を仰ぐシーンが、これからは多くなりそうです。

会う人に挨拶したり、集合住宅では管理組合などのお役目が回ってきたら、できる限り引き受けたりと、地域との関わりは持つようにしています。

Point

・暮らしの組み立てを変えることが始まり
・組織に属さないワークスタイルや地域にデビュー

Chapter 7

一日を大切に、
年を重ねる

1　これからしてみたいこと

＊　まだしていないこと、したいこと

日々の過ごし方が大きく変わる60代。

平均寿命から今の年齢を引き算し、あと20何年かをどう過ごすか、考える人は多いでしょう。まだしていないことでしたいことが、私にはたくさんあります。

＊　ストレッチ代わりのスイミング

まずスイミング。

老後の目標というにはあまりにも小さいですが「クロールをきれいに泳げるようになりたい」と思っています。

クロールは腕を斜めに水へ突っ込んでいく「攻め」の泳ぎの印象がありましたが、正しくは、そうではないようです。腕を脇腹に沿わせて、ゆっくりと回すのだとか。

プールで初めて泳いだのは小学校のとき。幼いときのビニールプールは除きます。以降の体育の授業を振り返ると、正しい泳ぎ方を習ったことがない気がします。授業では、陸上の50メートル走と同じく競争をさせられますから「水泳が苦手」という意識を持ちました。高校を最後にプールの授業がなくなって、ホッとしました。

大人になってからのスイミングは速い遅いを問われず、自由。ジムで「せっかくあるなら」と久しぶりにプールに入り、浮力に任せて手足を伸ばし、心地よさに驚きました。その延長で「クロールができたら」と。

正しく泳ぐと力要らずだと、泳ぎを楽しみに来ている人は口を揃えます。

60代近くでスイミングを始めた知人がいます。長年悩まされていた肩こりがなくなったとのこと。クロールはストレッチになるそうです。

全身運動なので、効果的にぜい肉が落ち「お腹まわりもスッキリ」だと。美にも健康にも資すると実感しているといいます。

前はジムへ、週1回の義務でヨガに行く程度だったのが、スイミングに出合ってからは、時間さえ取れれば毎日でも行きたいと話していました。

＊ ミシンを家に置いて裁縫

もうひとつ、私の小さな夢は、ミシンを家に置いて裁縫すること。

既製品の服は、裾のほつれを直そうと思うまでに時間がかかるし、

「丈をちょっと詰められたら」

「ボタンがもうひとつ、ここに付いていれば」

ということがよくあります。

小修繕や小リフォームを気軽に行い、ゆくゆくは好きな布で何か作ってみたいです。

＊ 体力に合う海外旅行

最近の海外旅行はいつだったか。たぶん10年近く前。その前もそうしょっちゅうではありません。毎回「パスポートは切れていなかったか」と心配になるほど、間が空きます。

行きたいところはヨーロッパ。特に東欧と北欧。いえ、ドイツもだし、挙げ始めたら全部。トルコや、青の都サマルカンドで知られる中央アジアの国々も憧れます。

年とともに体力が衰え、飛行機に十何時間も座り続けることに耐えられるか、不安です。旅先で、ずっと不調で過ごすのではと。

これまでの経験だと、エコノミークラスで空席がぽつぽつあると、離陸後、間もなく乗客たちの間で不穏な動きが起きます。長時間だと隣がいないほうが楽ですから、隣のいない席へ移ろうと、シートベルトサインが消えるや、我がちに立つのです。

隣がいるかいないかはフライトの質を分けるので、私もよくわかるのですが、あの殺伐とした空気を思うと、次に海外旅行をするときは、ビジネスにしてしまうかも。そうすると、一生に何回もは行けません。行き先をよく選ばないと。

次のときはツアーに入るつもりです。ひとりで全てに対応すべく、がんばる気力は出ないかと。

体力と気力に合わせた方法を見つけて実現したいです。

Point

- ・これからの過ごし方をイメージする
- ・「したかったこと」を体力と気力に合わせた方法でする

2　ひとりの老後はやってくる

今は夫婦で暮らしていても、いつかは配偶者が亡くなり、ひとりの老後がやってきます。

男女の平均寿命の差を考えると、同世代同士の結婚であったら、女性のほうが「ひとりの老後」を過ごす確率が高いといえるでしょう。周りを見てもそう感じます。

身近にいた人が、死によっていなくなるのは、ずっとひとりで暮らしてきた私には想像を超える喪失感だろうと思います。

＊　話ができないのが辛い

知人の70代男性に、妻を病気で亡くした人がいます。子供はいなくて、妻と2人で暮らしていました。

医療従事者であったので、妻の死期が近づいていることはわかっていましたが、亡くなった後、深い喪失感にとらわれました。

一時期は食事がとれず、飲酒しなければ眠れなかったそうです。それが毎晩。後になってその時期を振り返り「よく肝臓がもったものだ」と言っていました。

いちばんこたえたのは「妻と話ができない」ことだったそうです。入院中は状態が悪くなっていると知ってはいても、病院に行けば話ができました。

＊ 配偶者の死は、ストレス尺度の最上位

突然の別れを迎えた夫婦もいます。同世代の女性の両親です。父親が心筋梗塞で亡くなりました。

亡くなる日もふだん通りだったので、母親、すなわち妻にとってはまったく予期せぬこと。夫の死後、1ヶ月で7キロ減ってしまったそうです。

四十九日を終えたとき、お寺のお坊さんに言いました。

「せめてしばらく看病して看取りたかった」。

お坊さんの言うには「長くないとわかっていて、普通に接するのも辛いよ」と。

お坊さんはちょうど父親が療養中。「あと半年」と家族は医師から言われており、父親本人は知らずにいたそうです。

予期された死、突然の死、それぞれの辛さがあります。

配偶者の死は、一生のうちに出合い得る出来事の中で、ストレスが最も高いとされています。（アメリカのホームズとレイによる「社会的再適応評価尺度」といわれるものです。日本で行った調査でも、最上位のストレスという結果でした。）

＊ 人に具わる「回復力」

「時薬」という言葉を、年長の方はしばしば口にされます。時間が癒す、「忘れることなどないけれど、忘れながら生きていく」と。

矛盾しているようですが、説得力があります。

年長の方々は戦争を体験しています。家族の出征、戦死、空襲で亡くなるなど、私たちの想像を絶する別れを経験しています。

それでも生き続ける力が、人間には具わっているのかもしれません。その力を引き出すのは「時」なのでしょう。

「レジリエンス」という言葉を、最近聞くようになりました。「回復力」を表す心理学の言葉です。もともと物理の弾性を示すそうですが、トラウマを残すほどの困難からも立ち直る力の意味に使われるようになったといいます。関心のある分野です。

＊グリーフケアという場

「グリーフケア」も知られるようになりました。喪失の悲嘆を抱える人の、回復までのプロセスを支えるケアで、当事者同士のグループワークやカウンセリングがあります。

しかし前述の70代男性は「そういうものがあるとは知っていたが、行こうと思えなかった」と話していました。

支えるしくみにつなげる「何か」がわかればと願うものです。

Point

- 「時薬」が、残された人の生き続ける力を引き出す
- 人に具わる「レジリエンス（回復力）」を信じる
- 「グリーフ（悲嘆）ケア」のしくみもある

3　老後をどのように過ごすか

＊　60才は昔の42才？

60才で定年退職した元同級生は「隠居の身」と自分のことを言います。制度上の高齢者である65才はまだだけれど、「これが老後？　今が老後？」と思うときがあると。

年齢に実感がなかなかついていきません。

私が生まれたとき、祖父母は既に他界していたため、「老後を過ごしている人」とリアルに接することなく育ちました。写真で知る祖母が、60代で既に「お年寄り」という感じだったことは、３章で述べた通りです。

戦後、いえ、この50年間をとってみても、高齢者を取り巻く環境は大きく変わりました。経済成長とともに栄養状態が良くなり、インフラの整備によって衛生状態も良くなり、医療も進歩しています。

そして時代の感覚も。私の加入している生命保険会社の担当者の女性とは、30年来の付き合いですが「この年まで会社にいるとは思わなかった」と。

70才を過ぎたと聞いて、驚きました。

70才に雇用の道が開かれていることにも、本人の若さにも。髪なんて黒々したボブで、顧客の家々を自転車で回っています。


今の年齢は、昔の年齢の「7掛け説」があります。心の年齢、体の年齢、どちらにも使われることがあり、検証された数字かどうかはわかりません。

その説をとれば、62才の私は43才?

昔の人と比べると、落ち着きや心の成熟度は7掛けにも満たない気がするけれど、体力面では「43才はさすがに無理」と思います。

＊　80代で立ち姿スッキリ

アクティブかどうかは、仕事をしているかどうかとは関係しません。

ジムでよく一緒になる女性が、何かの折りに「私、80だから……」と言って驚きました。見えない!

彼女は同じレッスンで普通にダンスをしています。ロッカーで着替えているときの立ち姿もまっすぐで、レギンスを穿くとき、片足立ちになってもぐらつきません。

そもそもレギンスに半袖Tシャツでレッスンに出ていることからして、写真の中の60代の祖母を思うと、まさしく隔世の感があります。

私もなんとかして、80代でもこのように元気に過ごしていたい。ジムに来ている人にはサポーターを着けている人も多く、そうした装具で補いながらも、活動し続けることは大事なのだと感じます。

＊ 柔軟に、新しいことへ

知人は退職後、お寺で働き始めました。おみくじや絵馬を販売したり、ご朱印帳に書いてあげたりすることが、なかなか性に合っていると。勤めていた会社とはまったく違う仕事ですが、新しいことを始めて楽しんでいる柔軟性はお見事です。

別の知人は、不動産売買の会社を退職後、マンションの管理人に。玄関を通る子供たちに挨拶されたり、お年寄り（本人も若くはないですが）が荷物を運び入れるのを手伝って感謝されたり。もともと人と接することが好きなので天職だといいます。

＊「これが楽しい」と言えるのは強い

楽しめることを見つけられた人は強いと、その方々の例に思います。

何千万円、何億円という物件を売買し、大きなお金を動かしていた人が、マンションの住人のこまごましたサポートという「小さな」仕事に、違和感を持たず、過去の仕事を知る人にも、楽しいことを「楽しい」と言える強さ。

過去にしがみつかないとは、こういうことかと実例を示される思いです。

「今はこれが楽しい」と言えるものを持っている人は、張り合いが表情に出ていて、生き生きしている印象です。

Point

・祖父母の時代と、高齢者を取り巻く環境は変わった
・「7掛け説」なら、今の60才は昔の42才？
・「楽しいこと」を見つけられると強い

4 好奇心を持ち続けると、心をフレッシュに保てる

＊ いくつになっても好奇心を

趣味の俳句では、いろいろな人と知り合いになります。句会のメンバー、指導役の先生、メンバーが参加している他の句会のメンバー、そちらの指導役。

指導役を務めるほどの先生の経歴を読むと「10代で俳句と出合い……」とよくあって、40代半ばでようやく俳句を始めた私は、遅すぎたかと感じます。

でも俳句で知り合う人の中には、60代で始めた人はザラ。70代で初参加の人もいます。

若いときの専攻が日本文学だったからとか、古典が好きだからとかいうわけでもなく、よく聞くのは

「暇だったから」

「人がやっていて、自分もやってみたいと思ったから」

「知らないけど、面白そうだったから」。

「好奇心」て大事だなと、そういう例にも思います。

俳句そのものを楽しむ他、人との交流が生まれ、受け入れられる場ができます。

人につられてとか、単に面白そうだからとかは、何かを選び取る理由として弱いと、若いときの私なら思ったでしょう。

けれどもそれが「活力の元」になっていることに違いありません。俳句そのものを楽しむ他、人との交流をもたらし、受け入れられる場ができます。「老いを支える元」といえます。

年を取るにつれてますます「好奇心」は大事になっていきそうです。いくつになっても新しいことを始める「心の身軽さ」を持っていたいです。

＊　家に居ても

母の少女時代は戦争まっただ中。「贅沢は敵だ」の頃でした。

戦争が終わっても、生きていくのに精一杯。

そうした娘時代を送ったせいか、亡くなった人たちへの申し訳なさのせいか、「遊びのために時間やお金を使う」という発想が、母にはなかった気がします。

観劇にも美術館にすらも行くことがなく、母の趣味が何であるか、推察の手がかりがありませんでした。

どうも理系のことが好きなようだと気づいたのは、私たち子供が自立して、ひと落ち着きしてから。テレビは、教育番組で行われる実験が「見ていて面白い」と言います。

家の中の建具の留め具などを自分の使いやすいよう、あり合わせのもので調節したり、大根とサツマイモに含まれる成分の化学反応（？）を利用して、水飴を作ったり。ちょっとした工夫をよくしていました。

考えてみれば、母の兄たちは皆、理系。母は今でいうリケジョだったのかもしれません。

友人関係がほとんどなく、家に居る母でしたが、テレビの実験番組や身の回りの工夫が、好奇心の刺激や実現になっていたと思います。

＊　推し活を楽しむ

「推し」「推し活」という言葉をよく聞きます。若い人たちだけでなく高齢者にも。

「推し」の芸能人の出るコンサートへ行ったり、その人の写真をプリントした小物をバッグから下げていたり。

50代後半の女性は、とあるグループのコンサートへ、娘とともに行ったら、会場である東京ドームの入口で、元同級生の女性とバッタリ会ったそうです。向こうも同じく娘を連れて。

5万人の観客が入る東京ドームでバッタリ会う偶然もさることながら、娘が推すグループを本人たちも推していること、コンサート会場の熱気へ身を投ずるエネルギーに驚きます。

自分には「体力的に無理」と思いましたが、

「若い人たちのもの」

「若い人たちの行くところ」

と臆することなく行動に出る「心のフレッシュさ」は、見習いたいです。

Point

・「行動」につながり「交流の場」が広がる
・家に居ても「面白がれる」ことはある
・「推し」はエネルギーの元になる

5 自分の老後プラン

＊ 今後の生活費の計算式

「自分に今後必要な生活費はいくらだろう?」とは、60代の誰もが考えることでしょう。

「あと何年生きるか」が不確定ですが、長生きへの願望を込め、仮に90才とします。

60才からとして、「90才－60才」は30年。

計算式そのものは単純で、次の通りです。


「1ヶ月の生活費×12ヶ月×30年」＝「今後必要な生活費」


とても大まかではありますが、今後必要な生活費がつかめます。

将来、収入が年金のみとなったら、年金額を月当たりに割ると、多くの人は今の自分の1ヶ月の生活費より年金のほうが少なくなるのではないでしょうか。

そこで「1ヶ月の生活費－年金」の差額はいくらかを計算し、貯金などで補うことになります。

＊ 健康は最大の節約である

私は基本的に、お金に疎いですが、そうも言っていられません。「生活資金が足りなくなる」事態をなるべく避けるためにできることを、疎いなりに考えています。

・健康を保つよう心がける
・介護保険を利用する
・支援が必要になったら、互助や公的支援をまず検討
・支援を受けながら、なるべく長く自宅で暮らす

民間の医療保険に入っているとはいえ、病気になったときの費用は、病院まで電車でたどり着けないときにタクシーを使うといった周辺的なものまで含めると、やはり大きい。介護が必要になったときの費用も、無論です。

健康は最大の節約だと感じます。病気や要介護状態は、予防しきれるものではないけれど、なるべく健康維持に努めたいと思います。

＊ 施設の情報収集

訪問看護や、民間の緊急通報システムなどを利用しつつ自宅で暮らし、その先は、施設に入ることが考えられます。ひとり暮らしのため、可能性は高いと思います。

自宅近くの施設は、通るとき、つい注意を向けています。ただ、自分が入るのは20年後くらいのイメージでいて、20年後にその施設がどうなっているかと思うと、情報収集といえるかどうか。

施設の種類、例えば、そこの施設の介護を受けることになるのか、あるいは、介護保険を使って外部の事業者の介護を受けるのか、などの違いを、あらかじめ頭に入れておくことは、有益な情報収集となりそうです。

住んでいない地方の施設にも、目を向けたいものです。都市部に住んでいる場合、自宅近くにこだわると、概して選択肢が狭くなると聞き、「なるほど」と思いました。

＊ 病院との連携、看取り

父は自宅で介護し、最後は病院。体調を崩し、入院し、医師から

「回復しても、自宅での生活は難しいです」
と言われ、ケアマネージャーさんが取り揃えてくれた申請書に、入居が必要な理由を縷々書いている最中に亡くなりました。
「土壇場でも入居できなくはないのだな」
と知りましたが、家族が介護していたからで、そのときの父は「要介護5」。ひとり暮らしだと、入居先を探す、移るなどの算段を、「要介護5」の状態で行うのは現実的でなく、もっと前からアクションを起こさないといけません。

自分が入居するときは、例えば施設の経営が医療法人であるなど、病院との連携があるところを探したいです。できれば看取りまでお願いしたい。

知人は、親の入居した施設は看取りをしないと、それこそ土壇場で知って、大変な思いをしたそうです。施設の広告では、それらの記載に目を皿のようにして見ます。

Point

・60才から90才までの大まかな「生活費」を試算する
・「健康でいること」が「節約」につながる
・施設は介護や医療がどうなっているかを調べる

6 自立して暮らすには

＊ 自分の家で長く暮らせるように

統計では、日本人女性の平均寿命は87才です。

これは0才の人がいくつまで生きることができるかという数字で、既に60代まで無事生きてくることのできた人は、さらに長くなります。

90代で自宅でひとり暮らしをする人の例がメディアで紹介されます。

私の願いも、今の家でなるべく長く暮らすことです。それには「意思決定できること」が大事になってきます。

＊ 認知症に対して、できること

将来「5人に1人が認知症になるリスクがある」といわれています。特に女性は男性の2倍というデータもあるようです。

自分が将来、認知症になるかどうか、わかりません。が、認知症のリスク因子は報じられるようになり、生活習慣により下げられるリスクは下げていくつもりです。

糖尿病（呼称が変わる方向にあります）はリスク因子と聞いていましたが、「抑うつ」「社会的孤立」「運動不足」が、糖尿病以上のリスク因子と発表されていたのは驚きでした。イギリスの医学誌『ランセット』の論文で、日本でも種々のメディアが紹介しています。

「社会的孤立」「運動不足」は、外へ出て歩いて人と話す、知った人に会わなかったら店に入って何かひとつ物を買って店員さんと話すことで、今日からでも改善できます。「抑うつ」は一朝一夕にはいかなくても、人と話し、体を動かすことで、改善されていきそうです。

認知症の新薬の報道もあり、価格が気になるところですが、認知症になり得る一人としては期待できる方向です。

また「歯の本数と認知症は関連がある」という説もあります。歯の磨き方に気をつける、歯医者で治療する、歯のクリーニングをするなどが、今の自分にできることです。

＊ 痩せすぎに要注意

日々の食事もまさに、今日からできることのひとつです。

「メタボ」という言葉が知られて、60代の人はこれまで、太るほうや脂肪のつくほうを警戒してきたことでしょう。

私もそうで、コロナ禍の頃はジムも休みで食べるしか楽しみがないため、「これは危うい」と、体組成計を買いました。

身長を入力しておくと、ＢＭＩが自動的に計算されます。

「ＢＭＩ」は体重と身長から割り出される体型指数で、肥満度を表します。日本肥満学会では18.5から25未満を「普通体重」、18.5未満を「低体重」としています。

ＢＭＩ22が、統計的に最も病気になりにくく、18.5未満の痩せすぎは、太めより死亡リスクが高いと読んで、ドキッとしました。

高齢者の低栄養も問題になっていると知り、「少なく食べるほうが体にいい」との思い込みは改めました。

前は軽めの一膳だったご飯を、二膳にし、タンパク質を意識的に摂っています。

＊ 人とのつながりがもたらすもの

「自立」は「孤立」とは異なります。

ひとりを楽しむ一方で、人とつながりを持ち、会話をすることで、気持ちに張り合いが、脳に刺激がもたらされます。

挨拶する程度の交流でも、日頃からあれば、心身に異変が生じたとき、「いつもと違う。何か変」と気づいてもらえるかもしれません。

異変の早期発見、必要なサポートへつなげてもらうきっかけになり得ます。

Point

- 認知症のリスクとされることを知っておく
- 「痩せすぎ」は太めよりも危ない
- 「孤立」を避けることが「ひとり」を支える

7 70代、80代に向けて

＊ がんばる同世代

ジムでダンスの曲として、いろいろな音楽がかかります。たいていは今のヒット曲ですが、突然、昔の曲がかかって驚くことがあります。昔の、というのは、自分が若い頃に流行った曲。この前は郷ひろみさんの「お嫁サンバ」でした。

昨年は著名ミュージシャンの訃報が相次ぎました。親しい人ではないのでショックというわけではなくとも、同じ時代を生きた、年も近いミュージシャンの訃報は、ボディブローのように心にじわじわ効いてきます。

他方で昨年は芸能生活50周年という方が多くいらっしゃいました。今挙げた郷ひろみさん、松任谷由実さん、伊藤蘭さんなど。

昭和のアイドルの「同窓会コンサート」がよくあると聞きます。吉田拓郎さんとかぐや姫のメンバーの「つま恋コンサート」など。

集う気持ちはわかります。同窓会のような懐かしさといおうか。青春時代を振り返り、同世代の人たちががんばっている姿に、応援したくなり、「自分もまたがんばらないと」と思うのです。

＊ 3年後、5年後、10年後の自分は？

今62才の私にとって「70才」は、決して遠い先ではないのに、なかなかピンと来ません。70才になったとき、心身にどんな変化が起きているのか、何か仕事をしているのか。

実際に70代になった人は「10年後なんて視野にない。5年後、3年後、考えるスパンがどんどん短くなる」と言っていました。「来年すら、どうなっているかわからないのに」が口癖ですが、その人ともう何年も組んで仕事をしています。

＊ 健康、体力

気になるのは、やはり健康。

「60代とどこがどう違ってくるのか。疲れやすさは、さらに？」

「睡眠時間はどのくらい取ればば翌日もがんばれる？」など。

生活費などのお金関係は、不確定要素があるとはいえ、万人共通の計算式があり、目安の数字も示されています。

他方、疲れやすい、がんばりが利かないなどは、本人の感じ方によるところが多く、把握しづらいものです。

体力については測定方法や基準値が文部科学省から示されており、ある程度、客観的に把握できます。

＊「体力」はついていくもの

私の感じているのは「動いていると体力になる」。

以前通っていたジムはレッスンが混んでいたり予約制だったりで、30分のレッスンに週1回しか出られない状況でした。そのときの自分には、60分のレッスンについていけるとは思えませんでしたが、今のジムでは60分のレッスンに2本続けて出ることもあるほどです。

同年代の女性で富士山に毎年行っている人がいます。

その人が言うに「毎年行っているから登れる」。

そのつもりで体調を整えるし、心構えもできる。次は3年後などと間が空いてしまったら、気も緩んでしまい、もう登れないだろうと言います。続けることの大事さを感じます。

＊ 笑って語れる、年の重ね方

80代となると、70代よりさらに想像がつきません。

共著でご一緒した樋口恵子先生は90代におなりですが、笑っておっしゃいました。

「歩いて転ぶのが80代、立っていて転ぶのが90代」。

段差につまずいて、ではなく、立っていてもバランスを崩して転ぶと。

屈託ないご性格の樋口先生ですが、ときには情けなさに落涙するほどショックなことが、次々と起こるそうです。

それでも明るく語れる年の重ね方を、私もぜひしたいと思います。

Point

- 同世代のがんばりにふれて、自分を奮い立たせる
- できる限り動き続ける
- 「体」の衰えを明るく語れる「心」で年を重ねたい

著者
岸本葉子（きしもと・ようこ）
1961年、神奈川県鎌倉市生まれ。東京大学教養学部卒業。生命保険会社勤務後、中国留学を経て文筆活動へ。日々の暮らし方や年齢の重ね方などのエッセイの執筆、新聞・雑誌や講演など精力的に活動し、同世代の女性を中心に支持を得ている。
主な著書『60歳、ひとりを楽しむ準備　人生を大切に生きる53のヒント』（講談社＋α新書）、『60代、かろやかに暮らす』『60代、少しゆるめがいいみたい』（中央公論新社）、『ちょっと早めの老い支度』（角川文庫）、『ひとり上手』『ひとり老後、賢く楽しむ』『ひとり上手のがんばらない家事』（だいわ文庫）、『わたしの心を強くする「ひとり時間」のつくり方』（佼成出版社）他多数。

岸本葉子公式サイト
https://kishimotoyoko.jp/

60代、ひとりの時間を心ゆたかに暮らす

2024年5月5日 初版発行

著者　岸本葉子
発行者　石野栄一
発行　明日香出版社
〒112-0005 東京都文京区水道2-11-5
電話 03-5395-7650
https://www.asuka-g.co.jp
ブックデザイン　金澤浩二
イラスト　chona
編集協力　日下滋
組版　株式会社デジタルプレス
校正　共同制作社
印刷・製本　シナノ印刷株式会社

ISBN 978-4-7569-2324-0